效率型
经济增长模型
及应用研究

吴 薇 著

图书在版编目（CIP）数据

效率型经济增长模型及应用研究 / 吴薇著. -- 哈尔滨：哈尔滨出版社, 2025. 1. -- ISBN 978-7-5484-7990-1

Ⅰ. F124.1

中国国家版本馆 CIP 数据核字第 20247FG270 号

书　　名：**效率型经济增长模型及应用研究**
　　　　　XIAOLÜXING JINGJI ZENGZHANG MOXING JI YINGYONG YANJIU
作　　者：吴　薇　著
责任编辑：王嘉欣
出版发行：哈尔滨出版社(Harbin Publishing House)
社　　址：哈尔滨市香坊区泰山路 82-9 号　邮编：150090
经　　销：全国新华书店
印　　刷：北京虎彩文化传播有限公司
网　　址：www.hrbcbs.com
E - mail：hrbcbs@yeah.net
编辑版权热线：（0451）87900271　87900272
销售热线：（0451）87900202　87900203
开　　本：787mm×1092mm　1/16　印张：9.25　字数：167 千字
版　　次：2025 年 1 月第 1 版
印　　次：2025 年 1 月第 1 次印刷
书　　号：ISBN 978-7-5484-7990-1
定　　价：58.00 元

凡购本社图书发现印装错误，请与本社印制部联系调换。

服务热线：（0451）87900279

前　　言

在当今全球经济高速发展的背景下,经济增长模式的选择与实践显得尤为重要。传统的经济增长理论多侧重于资本积累与劳动力投入作为增长的主要驱动力,但随着技术进步与制度创新,单纯依赖要素投入的增长模式已难以满足可持续发展的需求。因此,探寻一种既能保持经济增长速度,又能提升经济增长质量的效率型经济增长模式,成为当前经济学研究的热点和难点。

本书一共分为九个章节,主要以效率型经济增长为研究基点,在理论层面,效率型经济增长模型融合新古典经济增长理论与内生经济增长理论的核心思想,同时借鉴了发展经济学、制度经济学等多个学科的研究成果。通过深入分析技术进步、人力资本积累等要素在经济增长中的作用机制,效率型经济增长模型为理解经济增长的本质提供了新的视角。一方面,该模型为政策制定者提供了有力的分析工具,有助于制定更加科学、合理的经济政策。通过评估不同政策对经济增长效率的影响,政策制定者可以更加精准地把握政策的方向与力度,从而实现经济增长与社会发展的良性互动。另一方面,效率型经济增长模型也为企业战略决策提供了有益的参考。企业可以通过优化生产流程、提升员工素质、创新管理模式等方式提高生产效率,从而在激烈的市场竞争中获得竞争优势。然而,效率型经济增长模型的研究与应用也面临着诸多挑战。本书旨在系统梳理效率型经济增长模型的理论基础、分析框架与应用方法,并结合具体案例进行深入剖析。

目 录

第一章 绪 论 ⋯⋯⋯⋯⋯⋯⋯⋯⋯⋯⋯⋯⋯⋯⋯⋯⋯⋯⋯⋯⋯⋯ 1

    第一节 效率型经济增长模型的背景 ⋯⋯⋯⋯⋯⋯⋯⋯⋯ 1

    第二节 研究目的与范围 ⋯⋯⋯⋯⋯⋯⋯⋯⋯⋯⋯⋯⋯⋯ 9

    第三节 研究意义 ⋯⋯⋯⋯⋯⋯⋯⋯⋯⋯⋯⋯⋯⋯⋯⋯⋯ 11

第二章 效率型经济增长模型的理论基础 ⋯⋯⋯⋯⋯⋯⋯⋯⋯ 14

    第一节 古典经济增长理论 ⋯⋯⋯⋯⋯⋯⋯⋯⋯⋯⋯⋯⋯ 14

    第二节 新古典经济增长理论 ⋯⋯⋯⋯⋯⋯⋯⋯⋯⋯⋯⋯ 17

    第三节 内生经济增长理论 ⋯⋯⋯⋯⋯⋯⋯⋯⋯⋯⋯⋯⋯ 21

第三章 效率型经济增长模型的构建与分析 ⋯⋯⋯⋯⋯⋯⋯⋯ 29

    第一节 生产率与经济增长的关系 ⋯⋯⋯⋯⋯⋯⋯⋯⋯⋯ 29

    第二节 技术进步对经济增长的影响 ⋯⋯⋯⋯⋯⋯⋯⋯⋯ 41

    第三节 人力资本对经济增长的贡献 ⋯⋯⋯⋯⋯⋯⋯⋯⋯ 49

第四章 我国经济增长要素效率的综合性影响因素研究 ⋯⋯⋯ 54

    第一节 我国省域经济增长要素效率影响因素分析 ⋯⋯⋯ 54

    第二节 我国经济增长要素效率影响因素的实证分析 ⋯⋯ 60

第五章 我国农业经济增长要素效率的影响因素研究 ⋯⋯⋯⋯ 67

    第一节 我国省域农业经济增长要素效率影响因素分析 ⋯ 67

    第二节 我国农业经济增长要素效率影响因素的实证分析 ⋯ 75

第六章　我国工业经济增长要素效率的影响因素研究 …………… 82

第一节　我国省域工业经济增长要素效率影响因素的实证分析 ……… 82
第二节　我国工业经济增长要素效率影响因素的实证分析 …………… 91

第七章　我国服务业经济增长要素效率的影响因素研究 ………… 96

第一节　我国省域服务业经济增长要素效率影响因素的实证分析 …… 96
第二节　我国服务业经济增长要素效率影响因素的实证分析 ………… 103

第八章　泛珠三角区域经济增长要素效率的影响因素研究 …… 110

第一节　泛珠三角区域省域经济增长要素效率影响因素的实证分析 …… 110
第二节　泛珠三角区域经济增长要素效率影响因素的实证分析 ……… 118

第九章　长江经济带经济增长要素效率的影响因素研究 ………… 125

第一节　长江经济带省域经济增长要素效率影响因素的实证分析 …… 125
第二节　长江经济带经济增长要素效率影响因素的实证分析 ………… 130

参考文献 ……………………………………………………………………… 137

第一章 绪 论

第一节 效率型经济增长模型的背景

在20世纪80年代,全球经济发生了翻天覆地的变化。随着信息技术的飞速发展和全球化的深入推进,传统的经济增长模式逐渐显得力不从心。资本积累、劳动力扩张和资源开发等手段对于经济增长的贡献逐渐减弱,而新的经济现象需要新的理论解释。在这样的背景下,效率型经济增长模型应运而生,为解释和预测经济增长提供了新的视角。

一、信息技术革命的推动

在20世纪80年代,随着微电子技术、计算机技术和通信技术的飞速发展,人类迎来了信息技术革命的浪潮。这场革命不仅极大地改变了人们的生活方式和社会生产方式,更对经济增长模式产生了深远的影响。信息技术革命成为效率型经济增长模型的重要背景之一。

(一)信息技术革命极大地提高了信息传递和处理的效率

在传统的经济模式下,信息的传递主要依靠人力、纸质媒介或简单的电子设备,这使信息传递的速度和广度受到很大的限制。信息的传播往往需要经过层层传递,不仅耗时较长,而且容易造成信息的失真或遗漏。这种信息传递方式的局限性制约了经济活动的效率和范围,使企业难以对市场变化做出快速响应,也难以实现跨地区、跨行业的资源整合和协同发展。

然而,随着信息技术革命的兴起,信息传递的方式发生了根本性的变革。信息技术革命使信息传递突破了时空的限制,全球范围内的信息传递变得更加便捷。互联网、移动通信、卫星通信等技术的发展,使信息的传播速度大大加快,信息传递的广度也得到了极大发展。企业可以借助信息技术手段,实现信息的即时传递和共享,从而更好地满足市场需求。这种变革为企业提供了更广阔的市场空间和更多的商业机会。企业可以快速获取市场信息,了解消费者的需求和偏好,从而及时调整生产和销售策略。信息技术革命还推动了电子商务、在线支付等新型商业模式的兴起,为企业提供了更多的销售渠道和合作伙伴。企业可以通过网络平台与全球范围内的客户进行直接交流和交易，拓展国际市场，实现全球化的发展。

信息技术革命还促进了企业之间的协作与资源整合。企业可以利用信息技术实现供应链的协同管理、跨地区的生产调度等，提高整体运营效率。同时，信息技术也为企业的内部管理提供了更高效的支持，如人力资源管理、财务管理等都可以通过信息系统实现自动化和智能化。这不仅提高了企业内部的管理效率，也为企业带来了更多的商业机会和竞争优势。信息技术革命极大地推动了信息传递的变革，为企业提供了更广阔的市场空间和更多的商业机会。同时，信息技术革命也促进了企业之间的协作与资源整合，为企业带来了更多的竞争优势。

（二）信息技术革命推动了生产过程的自动化和智能化

通过安装传感器、控制器等设备，企业可以实时监测生产过程中的各种数据，如温度、压力、流量等，并对其进行精确控制。这不仅提高了生产效率，还使企业能够更好地保证产品质量。在传统的生产模式下，企业主要依靠人工操作和管理生产过程，这不仅效率低下，而且容易受到人为因素的影响，难以保证产品质量的稳定性和一致性。而计算机技术和自动化技术的引入，使企业可以实现对生产过程的精确控制，提高了生产效率和产品质量。企业可以通过自动化设备进行连续生产，减少了人工干预和停机时间，提高了生产线的可靠性和稳定性。同时，计算机技术可以对生产数据进行实时采集和分析，帮助企业及时发现和解决生产过程中的问题，进一步提高了生产效率和产品质量。

信息技术与制造业的深度融合催生了智能制造、数字化工厂等新型生产模式。这些新型生产模式使企业能够快速响应市场变化，降低生产成本，提升核心竞争力。智能制造通过引入物联网、大数据、人工智能等技术手段，实现了对生产过程的智能化管理。数字化工厂则通过建立数字化模型和仿真系统，对生产过程进行虚拟化管理和优化。这些新型生产模式使企业能够更加灵活地应对市场变化，快速调整生产和销售策略，从而更好地满足市场需求。

智能制造和数字化工厂等新型生产模式还为企业带来了降低生产成本的优势。通过引入自动化设备和智能化管理系统，企业可以减少人工干预和人力成本，提高生产效率。同时，数字化工厂的建立使企业可以更加精确地预测和管理库存，减少库存积压和浪费，进一步降低生产成本。此外，新型生产模式还为企业提供了更加灵活的生产方式，可以根据市场需求快速调整生产线配置和产品结构，从而更好地满足客户需求。信息技术与制造业的深度融合催生了智能制造、数字化工厂等新型生产模式,使企业能够快速适应市场变化,降低生产成本,提升核心竞争力。

(三)信息技术革命还促进了企业管理和运营的优化

在当今信息爆炸的时代,大数据已经成为企业的重要资产。大数据分析可以帮助企业全面了解市场趋势和客户需求。通过对市场数据进行采集、整合和分析,企业可以了解消费者的购买行为、偏好和需求,从而更好地制定营销策略和产品规划。同时,大数据分析还可以帮助企业预测市场变化和未来趋势,提前做好相应的准备和布局。这种前瞻性的分析能力为企业提供了巨大的竞争优势,使企业能够更加精准地把握市场机遇。大数据分析还能够帮助企业优化产品设计。通过对用户反馈、销售数据和竞争产品进行分析,企业可以发现产品设计中的问题和不足之处,及时进行调整和改进。同时,大数据分析还可以帮助企业发掘潜在的用户需求和细分市场,开发出更具针对性的产品和服务。这种以数据驱动的产品设计方式能够更好地满足市场需求,提高产品的竞争力和市场份额。

云计算技术为企业提供了高效的数据处理和管理工具。通过云计算平台,企业可以实现对海量数据的集中存储、管理和分析,提高了数据处理效率和准确性。同时,云计算技术还为企业提供了可扩展的计算资源和灵活的服务模式,使企业可以根据业务需求进行快速部署和调整。这种高效的数据处理和管理方式为企业节省了成本和时间,提高了运营效率和市场竞争力。通过建立企业内部管理系统、使用项目管理软件等工具,企业可以实现信息的快速传递和共享,加强部门之间的沟通和协作。这不仅能够提高企业内部运营效率,还能够促进团队之间的创新和合作。同时,信息技术还为企业提供了数据分析工具和决策支持系统,帮助企业进行科学合理的决策。企业可以利用数据挖掘和预测模型等技术手段,对市场数据、财务数据等进行深入分析和挖掘,为决策提供有力的数据支持。这种基于数据的决策方式能够提高决策的科学性和准确性,降低企业经营风险。

(四)信息技术革命对商业模式和产业结构的重塑产生了深远的影响

随着信息技术革命的深入发展,电子商务、互联网金融等新型业态应运而生,对传统商业模式和产业格局产生了深远的影响。同时,信息技术革命还催生了大量新兴产业,进一步推动了经济增长。电子商务是一种基于互联网的商业活动,通过电子手段进行商业交易和相关服务。与传统商业模式相比,电子商务具有便捷性、全球性和个性化等特点。企业可以通过电子商务平台,实现商品或服务的在线销售和推广,与消费者进行直接交流和交易。这大大降低了交易成本和时间成本,提高了交易效率和便捷性。同时,电子商务还打破了地域限制,使企业可以拓展更广阔的市场空间,增加商业机会。

互联网金融是信息技术革命的另一产物,它利用互联网技术和金融业务的结合,创新了金融服务模式。互联网金融为企业和个人提供了更加灵活、便捷的金融服务,如在线支付、网络借贷、股权融资等。这些服务通过互联网平台实现,降低了金融交易的成本和门槛,使更多人能够享受到金融服务。同时,互联网金融还促进了资本的流动和配置,为企业和个人提供了更多的投资和融资渠道。这些新型业态的出现对传统商业模式和产业格局产生了巨大冲击。传统零售业受到电子商务的冲击,逐渐向线上线下融合的方向转型;银行、证券等金融机构也面临着互联网金融的竞争压力,开始推进数字化转型和创新。同时,这些新型业态的发展也催生了一系列新兴产业,如物流业、数字创意产业等。这些产业的发展进一步推动了经济增长。

物流业是随着电子商务发展而兴起的产业,它为电子商务提供了重要的支撑服务。物流业通过信息技术手段,实现了物流信息的实时更新和处理,提高了物流效率和准确性。数字创意产业则是依托信息技术革命而产生的另一新兴产业,涵盖了数字媒体、数字娱乐、数字设计等领域。数字创意产业结合了数字化技术和创意设计,为人们提供了丰富多彩的文化产品和服务。软件业是信息技术革命的重要组成部分,它为企业和个人提供了各种软件产品和服务。信息服务业则是利用信息技术手段提供信息服务的新兴产业,如数据分析、云计算服务等。这些新兴产业的发展为经济增长注入了新的动力。这些新型业态对传统商业模式和产业格局产生了深远的影响,推动了经济的增长和发展。

在效率型经济增长模型中,企业需要紧跟信息技术革命的步伐,不断创新商业模式和产业格局,加强信息化建设和管理创新,提高自身的效率和竞争力,以实现持续健康的发展。信息技术革命为经济增长带来了巨大的推动力,但也存在着一些挑战和问题。首先,信息技术投资巨大,很多中小企业难以承受高昂的成本;其次,信息技术的更新换代速度非常快,企业需要不断跟进技术才能保持竞争力;此外,随着数据价值的提升,数据安全和隐私保护问题也日益突出。

信息技术革命是效率型经济增长模型的重要背景之一。它通过提高信息传递和处理效率、推动生产过程自动化和智能化、优化企业管理和运营以及重塑商业模式和产业结构等方式,为经济增长注入了新的动力。然而,企业在享受信息技术带来的红利的同时,也需要应对相关的挑战和问题。因此,在应用效率型经济增长模型时,需要综合考虑各种因素,制定科学合理的发展战略。

二、全球化进程的加速

随着全球化进程的不断加速,各国之间的经济联系和互动越来越频繁。国际贸易壁垒逐渐消除,跨国公司迅速崛起,全球供应链和价值链不断整合。这些变化为企业带来了新的机遇和挑战。

(一)高效地配置资源、降低生产成本

通过全球采购、生产和销售,企业可以利用不同国家和地区的优势资源,实现资源的优化配置。同时,全球供应链和价值链的整合使企业可以更加便捷地获取原材料、零部件和市场份额,提高了生产效率和经营效益。然而,全球化也带来了更激烈的竞争。随着市场的开放和准入门槛的降低,越来越多的企业加入国际竞争,使市场竞争愈加激烈。企业需要加强管理创新。在全球化的背景下,企业需要建立更加灵活、高效的管理体系,以适应快速变化的市场环境。企业需要引入先进的管理理念和方法,加强内部管理,提高运营效率。同时,企业还需要建立全球化的战略视野,制定适合自身发展的全球化战略,以更好地应对国际市场的挑战。需要加强技术创新。在全球化的背景下,技术创新是企业保持竞争力的关键。企业需要不断投入研发,掌握核心技术和知识产权,以保持竞争优势。同时,企业还需要关注市场需求和消费者需求的变化,及时调整产品和技术方向,以满足市场需求。还需要加强人才培养和创新文化建设。全球化背景下需要具备国际视野和跨文化沟通能力的人才队伍。企业需要加强人才培养和引进,建立完善的人才激励机制,激发员工的创新潜力。同时,企业还需要培育创新文化,鼓励员工敢于尝试、勇于创新,营造良好的创新氛围。

(二)加强合作与交流

通过与国际企业和研究机构合作,企业可以共同研发新技术、开拓新市场,实现互利共赢。同时,企业还可以通过参加国际展览、论坛等活动,了解国际市场动态和趋势,拓展人脉和资源渠道。全球化进程的不断加速为企业带来了新的机遇和挑战。通过加强管理创新、技术创新、人才培养和创新文化建设等方面的努力,以及加强合作与交流,企业可以更好地应对全球化带来的挑战和机遇,实现持续健康的发展。

三、资源环境压力的增大

(一)企业应该加强技术研发和创新,提高生产技术和设备的水平

随着经济的快速增长,资源环境压力逐渐增大已成为一个全球性的问题。传统的粗放型经济增长方式往往以资源的高消耗和环境的破坏为代价,导致严重的环境污染和资源浪费问题。空气、水和土壤污染,资源枯竭,生态系统破坏等现象频发,对人类的生存和发展造成了巨大的威胁。面对这种情况,政府和企业开始意识到经济增长不能以牺牲环境为代价。他们开始寻求可持续和环保的发展方式,以实现经济、社会和环境的协调发展。效率型经济增长模型正是在这种背景下应运而生,为企业和社会的可持续发展提供了重要支撑。

效率型经济增长模型强调通过技术进步和生产效率的提升来降低资源消耗和环境影响。它主张以更少的投入获得更多的产出,减少生产过程中的浪费和污染。这种模式注重环境保护和资源节约,力求实现经济发展与生态环境的和谐共生。为了实现效率型经济增长,企业需要采取一系列措施。通过引入先进的生产技术和设备,企业可以降低生产过程中的资源消耗和减轻环境污染,提高生产效率和质量。

(二)企业应该加强循环经济和资源回收利用

通过建立废弃物回收、再利用和处理体系,企业可以减少废弃物的产生和对环境的污染。同时,企业还可以从废弃物中提取有价值的资源进行再利用,实现资源的最大化利用。企业还应该推行绿色生产和环保管理。通过建立绿色生产标准和环保管理体系,企业可以确保生产过程中的环境保护和资源节约。企业应该加强环境监测和评估,及时发现和解决环境问题,确保生产活动的可持续发展。

政府在推动效率型经济增长方面也扮演着重要的角色。政府应该制定相关政策和法规,鼓励企业采取可持续和环保的发展方式。政府可以提供财政、税收等优惠政策,激励企业进行技术研发和创新,推动产业升级和转型。同时,政府还应该加强对企业的监管和评估,确保企业履行环保责任,促进经济的绿色发展。除了企业和政府之外,社会各界也应该共同参与推动效率型经济增长。媒体和教育机构应该加强环保宣传和教育,增强公众的环保意识和参与度。通过全社会的共同努力,我们可以实现经济、社会和环境的和谐发展。随着资源环境压力的增大,效率型经济增长模型为企业和社会的可持续

发展提供了重要支撑。通过技术进步、循环经济、绿色生产和环保管理等措施的落实，我们可以推动经济发展与生态环境的和谐共生，实现可持续发展的目标。这不仅有利于当前一代人的福祉，还能够为子孙后代创造更美好的未来。

四、知识经济的崛起

（一）企业需要加强知识管理和创新

随着信息技术的迅猛发展和全球化进程的加速，知识经济已成为当今世界的重要特征。知识经济的崛起对经济增长方式产生了深远的影响，为效率型经济增长模型提供了重要的背景。在知识经济时代，数据和知识成为至关重要的生产要素。与传统的土地、劳动力和资本等生产要素相比，知识在推动经济发展中的作用越来越突出。数据和知识的积累、处理和应用能力成为企业核心竞争力的关键因素，为企业创造更多的价值。随着数据和知识的不断积累，它们在经济发展中的作用越来越重要。知识经济推动了产业升级和创新发展，为企业提供了更广阔的发展空间。企业通过不断学习和创新，提升自身的知识水平和生产效率，为经济增长注入新的动力。建立完善的知识管理体系，对内外部知识进行有效的整合、共享和应用，提高企业的知识水平和创新能力。同时，企业还需要鼓励员工不断学习和成长，培养具备专业知识和技能的优秀人才。

（二）企业需要促进数字化转型

随着大数据、人工智能等技术的不断发展，数字化转型已成为企业提升效率、降低成本的重要手段。企业需要借助先进的信息技术手段，对业务流程进行数字化改造，提高生产、管理和服务的效率和质量。此外，企业还需要加强与外部合作伙伴和客户的合作与交流。通过与高校、研究机构、其他企业等建立紧密的合作关系，共同开展研发和创新活动，实现资源共享和优势互补。同时，企业还需要关注客户需求和市场变化，及时调整产品和服务策略，满足市场需求。政府在推动知识经济发展方面也扮演着重要的角色。政府需要制定相关政策和法规，鼓励企业促进知识管理和数字化转型。政府可以提供财政、税收等优惠政策，激励企业进行技术创新和人才培养。同时，政府还需要加强对企业的监管和评估，确保企业履行社会责任和环保要求，推动经济的可持续发展。社会各界也应该共同参与推动知识经济的发展。媒体和教育机构应该加强知识经济的宣传和教育，提高公众的认识和理解。通过全社会的共同努力，可以实现知识经济的蓬勃发展，为经济增长注入更强大的动力。

五、投资与消费的互动关系

效率型经济增长强调的是在有限的资源下实现最大的经济效益,而投资和消费作为经济活动中的两个主要方面,对经济增长的影响至关重要。

(一)投资在效率型经济增长中扮演着重要的角色

投资不仅意味着对工厂、设备等物质资本的投入,还包括对研发、教育、人力资本等方面的投入。这些投资能够推动技术进步和生产效率的提升,从而提高整个经济的生产率。有效的投资不仅有助于当前的经济增长,还能够为未来的发展奠定基础。通过投资,企业能够获取更多的市场份额,提高自身的竞争力,进一步推动经济的增长。然而,仅有投资并不足以实现经济的持续健康发展。消费同样是经济发展的重要驱动力。消费需求决定了企业的生产规模和方向,是市场经济活动的基础。随着经济的发展和人们生活水平的提高,消费需求也在不断升级和多样化。这为企业提供了更广阔的市场空间和机会,促使企业不断创新、改进产品和服务,以满足消费者的需求。

(二)消费对投资具有反馈作用

消费者的需求和反馈为企业提供了市场需求信息,帮助企业做出更加科学的投资决策。如果某一行业的消费需求增加,企业可能会增加对该行业的投资,扩大生产规模。相反,如果消费需求下降,企业可能会减少对该行业的投资,避免资源的浪费。然而,投资与消费之间也存在一定的矛盾和冲突。如果过度强调投资而忽视消费,可能会导致产能过剩、资源浪费等问题,从而对经济增长产生负面影响。同样地,过度消费也可能引发通货膨胀、债务危机等问题,对经济发展造成冲击。为了实现经济的可持续发展,需要平衡投资与消费的关系。政府可以通过制定科学合理的经济政策来促进两者之间的协调发展。例如,政府可以实施积极的财政政策,增加公共投资,同时通过税收优惠等措施鼓励私人投资。此外,政府还可以通过调整税收政策、增加社会保障支出等手段来提高居民的消费信心和消费能力。除了政府的作用外,企业也需要积极参与平衡投资与消费的关系。企业可以通过创新产品和服务、提高产品质量和降低价格等手段来刺激消费需求。同时,企业也可以通过合理的投资决策,避免盲目扩张和过度投资,从而保持经济稳定健康发展。

(三)在效率型经济增长中,投资和消费的重要因素

为了实现经济的持续健康发展,需要平衡投资与消费的关系。政府和企

业应该共同努力,制定科学合理的经济政策和发展战略,促进经济的稳定增长。效率型经济增长模型是在信息技术革命、全球化进程加速、资源环境压力增大、知识经济崛起以及投资与消费互动关系等多重因素的综合作用下形成的。它强调通过技术进步、生产效率提升以及资源配置优化等手段实现经济的持续增长,为现代经济发展提供了重要的理论指导和实践借鉴意义。

第二节 研究目的与范围

一、研究目的

本书的研究目的在于深入探讨和分析经济增长的新模式——效率型增长,以期在全球经济的大背景下,为我国及其他发展中国家提供一个可持续、健康、稳定的增长路径。这不仅关乎学术理论的完善与发展,更直接关联到我国及全球范围内的经济政策制定和实践应用。

(一)效率型经济增长模型的研究,旨在打破传统经济增长模式的局限性

传统的经济增长理论往往过于强调资本积累、劳动力投入等要素的增加,而忽视了生产效率提升的重要性。然而,在资源日益稀缺、环境压力不断增大的今天,单纯依靠要素投入的增长模式已难以为继。因此,本书致力于构建一个以效率提升为核心的经济增长模型,将技术进步、制度创新、资源配置优化等因素纳入分析框架,从而更加全面地揭示经济增长的动力机制。

(二)本书旨在通过实证分析,验证效率型经济增长模型的适用性和优越性

理论模型的构建仅仅是第一步,其真正的价值在于对现实世界的解释力和指导力。因此,本书将运用大量的经济数据,对效率型经济增长模型进行实证检验,以期证明其在不同经济体、不同发展阶段中的普遍适用性和相对优越性。这将为政策制定者提供更加科学的决策依据,为实践者提供更加明确的行动指南。本书还旨在推动经济增长理论的创新和发展。经济增长是经济学研究的核心议题之一,也是各国政府和社会公众高度关注的热点问题。然而,随着全球经济形势的不断变化和发展,传统的经济增长理论已难以完全解释新的经济现象和问题。因此,本书致力于在继承和发展现有理论的基础上,提出新的观点、构建新的模型、开辟新的研究领域,从而推动经济增长理论的不

断创新和发展。

二、研究范围

本书的研究范围深入且全面,其中理论模型构建作为整个研究的基础和核心,其重要性和复杂性不言而喻。为了构建一个既具有理论深度又符合现实情况的经济增长模型,本书将综合运用现代经济学、管理学、数学等多学科的理论和方法,以确保模型的科学性和实用性。

(一)在理论模型的构建过程中

本书将始终坚持以效率提升为核心,这也是效率型经济增长模型与传统经济增长模型的最本质区别。传统经济增长模型往往过于强调资本、劳动力等生产要素的投入,而忽视了生产效率的提升对经济增长的重要作用。然而,在现代经济中,随着科技的不断进步和资源的日益稀缺,单纯依靠要素投入的增长模式已经难以为继。因此,本书将生产效率的提升作为经济增长的核心动力,以此来构建一个新的经济增长模型。为了更全面地考虑影响经济增长的各种因素,本书在构建模型时将技术进步、制度创新、资源配置优化等因素纳入分析框架。技术进步是推动经济增长的重要因素之一,它可以提高生产效率、降低生产成本、创造新的市场需求,从而推动经济的持续增长。制度创新则是通过改变经济运行的规则和方式,为经济增长创造更加良好的制度环境。而资源配置优化则是通过提高资源的利用效率,实现经济的高效运行和持续增长。

时间因素的引入可以反映经济增长的动态变化过程,揭示经济增长的长期趋势和周期性波动。而空间因素的引入则可以反映不同地区、不同国家之间的经济增长差异和相互联系,揭示经济增长的空间分布和演变规律。在构建理论模型的过程中,本书将注重模型的实用性和可操作性。为了确保模型能够用于实证分析和政策应用,本书将采用现代数学方法和计算机技术,对模型进行严格的数学推导和计算模拟。通过数学推导,可以确保模型的逻辑严密性和一致性;通过计算模拟,可以检验模型的稳定性和可靠性,并为实证分析提供数据支持。

本书在理论模型构建方面将综合运用多学科的理论和方法,构建一个以效率提升为核心的经济增长模型。期望能够构建一个既具有理论深度又符合现实情况的经济增长模型,为经济增长理论的发展和实践应用做出重要贡献。在实证分析方面,本书将选取具有代表性的国家和地区作为研究样本,运用统计学、计量经济学等方法对效率型经济增长模型进行实证检验。具体而言,将通过对样本国家和地区的经济增长数据进行回归分析、时间序列分析等操作，揭示各因素对经济增长的贡献程度和作用机制，从而验证效率型经济增长模型的适用性和优越性。

（二）在政策应用方面

本书将针对我国及其他发展中国家的实际情况，提出一系列基于效率型经济增长模型的政策建议。这些政策建议将涉及产业政策、科技政策、教育政策、环保政策等多个领域，旨在通过优化资源配置、促进技术进步、推动制度创新等手段，实现经济的可持续、健康、稳定增长。

第三节 研究意义

一、理论意义

在探索经济增长的奥秘时，我们不断地在理论和实践中寻找新的突破。效率型经济增长模型，基于变系数生产函数的系数影响因素理论以及多层统计模型，就是这样一个新的尝试。它不仅拓展了一般经济增长模型，还为理解我国经济增长的复杂性提供了新的视角。

（一）效率型经济增长模型的构建，是对传统经济增长模型的重要拓展

传统的经济增长模型往往假设生产函数的系数是固定的，但现实中，这些系数可能会受到多种因素的影响而发生变化。效率型经济增长模型通过引入变系数生产函数，允许生产函数的系数随着时间和其他条件的变化而变化，从而更加真实地反映了经济增长的动态过程。

（二）效率型经济增长模型为检验我国经济增长提供了有力的工具

我国是一个地域广阔、经济发展不平衡的国家，不同地区、不同产业的经济增长条件和效率存在显著的差异。通过效率型经济增长模型，可以对这些差异进行定量的分析和评价，进而为政策制定提供更加精确的依据。此外，效率型经济增长模型还能够对综合性因素对效率异质性的影响程度给出精确评价。在经济增长的过程中，除了生产要素的投入外，还有许多其他因素如制度、文化、环境等都会对经济增长的效率产生影响。效率型经济增长模型通过

引入多层统计模型,综合考虑这些因素的作用,从而更加全面地评价经济增长的效率。

不仅如此,效率型经济增长模型的建立还有助于新学科——多层次经济社会计量学的建立。多层次经济社会计量学是一门旨在研究复杂经济社会现象中多层次结构及其相互作用的学科。效率型经济增长模型结合宏观、产业和区域等多个层次的数据进行实证分析,为多层次经济社会计量学的发展提供了重要的理论基础和实证支持。

(三)效率型经济增长模型为我国经济增长提高要素效率提供了理论依据

在资源环境约束日益加剧的背景下,提高要素效率是实现经济高质量增长的关键。效率型经济增长模型揭示经济增长过程中要素效率的变化规律和影响因素,找到了提高要素效率的路径和方法,从而有可能促进我国经济高质量增长理论的发展。效率型经济增长模型的研究意义不仅在于理论上的创新和突破,更在于它为理解我国经济增长的复杂性和提高经济增长质量提供了新的视角和工具。相信在未来的研究中,效率型经济增长模型将会发挥更加重要的作用,为推动我国经济的持续、健康和高质量发展做出更大的贡献。

二、实践意义

经济增长是每个国家都关注的核心议题,特别是在当前全球化竞争日益激烈的背景下,如何实现高效、稳定、可持续的经济增长显得尤为重要。效率型经济增长模型提供了一个全新的视角,它强调在经济增长过程中不仅要考虑基本影响因素,还要注重综合性因素,并协调好二者之间的关系。

(一)加强经济增长要素效率的实践是至关重要的

在传统的经济增长观念中,人们往往只关注资本、劳动力等基本生产要素的投入,而忽视了管理、技术、制度等综合性因素对经济增长的影响。然而,随着时代的变迁和经济的发展,这些综合性因素在经济增长中的作用日益凸显。因此,要实现经济增长要素效率的长期稳定提高,就必须综合考虑基本影响因素和综合性因素,协调好它们之间的关系。例如,在资源有限的条件下,改进技术和管理手段,可以提高资源的利用效率,从而实现经济的持续增长。同样,在劳动力成本上升的背景下,提升劳动力的技能和素质,可以提高劳动生产率,进而保持经济的竞争力。这些实践都表明,加强经济增长要素效率的实践是实现经济持续增长的重要途径。

(二)关注综合性因素对经济增长要素效率的作用重要性

综合性因素往往具有复杂性和多样性,它们对经济增长的影响也是多方面的。因此,要系统地挖掘提高经济增长要素效率的作用,就需要深入研究这些综合性因素的作用机制和影响路径。关注综合性因素的作用结果,可以更加准确地把握经济增长的规律和趋势,从而为制定促进经济增长要素效率提高的政策提供有力的依据。例如,在制定产业政策时,可以根据产业的特点和发展阶段,有针对性地制定扶持政策和优惠政策,以促进产业的快速发展和转型升级。在制定区域发展政策时,可以根据区域的资源禀赋和比较优势,制定差异化的发展策略,以实现区域的协调发展和共同繁荣。

(三)应用效率型经济增长理论模型研究

我国宏观、产业、区域经济增长具有深远的实践意义。我国作为世界上最大的发展中国家,其经济增长的稳定性和可持续性对全球经济都具有重要影响。通过应用效率型经济增长理论模型,可以更加深入地了解我国经济增长的动力和机制,从而为制定更加科学、合理的经济政策提供有力的支持。同时,通过实证研究,还可以得到综合性因素对经济增长要素效率的精确影响。这些研究成果不仅可以为学术研究提供新的思路和方向,还可以为政府部门和企业提供有价值的决策参考。例如,在制定经济发展规划时,政府部门可以根据研究成果调整和优化产业结构、区域布局等要素配置,以实现经济的高效增长和可持续发展。企业在制定发展战略时,也可以根据研究成果调整和优化生产要素投入、技术创新等方面的策略,以提高自身的竞争力和盈利能力。要素效率的提高对于实现可持续发展和减排目标具有重要意义。在经济快速增长的同时,也面临着资源短缺、环境污染等严峻挑战。提高要素效率可以减少资源的消耗和废弃物的排放,从而提高资源的利用率和环境保护水平。这不仅有利于实现经济的可持续发展,还有助于我国在国际上树立负责任的大国形象,为全球环境治理和可持续发展做出积极贡献。

第二章　效率型经济增长模型的理论基础

第一节　古典经济增长理论

一、古典增长理论的概述

19世纪以前,经济增长理论和经济发展理论并没有分家,那时候,所有国家的经济发展也就是经济增长。只有世界上形成了发达国家和不发达国家这样两类明显不同的国家,并且本来属于发达国家殖民地、半殖民地或附属国的一些地区和国家纷纷独立,走上自主发展道路之后,才形成一种专门研究这类不发达国家如何发展经济以赶上发达国家的所谓发展经济学。从此以后,经济增长理论和经济发展理论才开始分家,前者专门研究发达国家的经济如何进一步增长,后者专门研究广大原来经济不发达的国家如何在经济上迅速得到发展,以赶上和超过发达国家。明白了这一点就可以知道,古典的经济增长理论其实也就是那个时代的经济发展理论。

古典增长理论,这里重点指亚当·斯密、李嘉图、马尔萨斯等人的增长或发展理论。凯恩斯曾把他自己以前的理论都说成是古典理论,而马克思把古典派划到李嘉图和西斯蒙第为止。本书仍按多数西方学者的看法,把19世纪边际革命前的学者说成古典派,就经济增长论看,其中亚当·斯密、李嘉图等人影响最大。当然,对经济增长问题的研究一直可追溯到古希腊甚至更早。色诺芬在他的《经济论》和《雅典的收入》中就曾论述过财富的性质和来源,讨论了增加财富的方法以及农业增长的报酬等问题,但由于当时是奴隶制自然经济,因此根本不可能产生经济增长理论。中世纪时代同样不可能有经济增长理论。对经济增长关心并做系统探讨是伴随着资本主义经济制度产生、发展和确立才开始的,因为资本的本性是追逐利润,而利润要通过发展经济才能获取。在经济学说史上,最早探讨什么是财富、财富从哪里来以及一国财富如何增长的是重商主义。重商主义认为,财富就是金银货币,一国财富来自对外贸易,经济增长的本质就是通过顺差贸易尽可能多地积累货币财富。重农主义在经济增长理论上的贡献就是把考察财富来源的眼光从流通领域转向生产领域,不足之处是认为只有农业才能创造财富。英国古典经济学最重要的代表亚当·斯密真正开始了对经济增长的系统而深刻的研究,《国富论》通篇研究的就是增长问题,他才是古典增长理论的真正开创者。李嘉图、马尔萨斯、萨伊、施穆勒等人则是沿着亚当·斯密开辟的道路,从不同角度探讨了经济增长问题,形成了所谓古典增长理论。

二、古典增长理论的作用

通常认为经济增长理论的内容主要涉及三个方面:寻找影响经济增长的主要因素,这些因素间的相互关系以及增长的趋势和前景。亚当·斯密在《国富论》中提出,财富是生产劳动创造的,因此,经济增长(从今天看,就是人均国内生产总值的增长)取决于生产劳动的数量和生产劳动的效率,劳动生产率决定于分工的程度,劳动的数量则由资本积累量决定,因为生产劳动要靠资本来维持。他进一步认为,分工程度为交换水平和市场规模所左右,资本积累靠的是人们想要不断改善自身状况的愿望所引起的资财积累欲,这一切都要依靠自由的经济制度。经济增长也要求有自由贸易。这样,亚当·斯密事实上就把劳动、资本、制度当作了经济增长的几个基本要素,而现代增长理论中的技术因素,则是通过分工来归纳的,因为在斯密的时代,机器尚处于萌芽阶段,劳动生产率主要不是由机器上表现的技术,而是由分工上表现的手工劳动技术决定。亚当·斯密的增长理论是卓越的,事实上为以后正确分析增长问题指明了方向,甚至可说已为现代增长理论搭建了一个基本框架。他分析增长问题时提出的一些论点,为后人建立最新增长理论提供了武器。关于分工分析中的报酬递增的论述,就是一个明证。李嘉图的经济理论似乎研究的是财富的分配,其实,他关注的仍是经济增长。他认为,财富增长最主要靠资本积累,因为工人的雇佣、机器的采用,全靠资本,而资本积累全靠利润,利润率才是推动增长的强大动力。可是,随着经济的发展、人口的增长,农产品价格和地租必然不断上涨利润率则不断下降。除了农业上土地改良、采用新技术外,允许外国农产品自由进口发展自由贸易是一大出路,为此,他提出比较利益理论。他对经济增长前景比较悲观的看法是和土地报酬递减律分不开的。显然,在李嘉图那里,资本土地、劳动贸易自由是影响经济增长的几个关键性因素。马尔萨斯也关心经济增长。他从自己的人口理论出发,也得出了关于经济增长的悲观结论,而且这种结论及整个人口理论也是建立在土地报酬递减律基础上的。还要指出,马尔萨斯分析增长问题时提出的有效需求论曾对后人产生过很大影响,尽管他当时提出这一理论是要为地主贵族的利益辩护,但是,他关于经济增长必须靠足够有效需求支撑的观点,却给后人研究增长问题增加了一把不可缺少的钥匙。

三、古典经济增长理论的影响与局限性

(一)古典经济增长理论的影响

1. 理论奠基与思维框架

古典经济增长理论为现代经济增长研究奠定了坚实的基础。它提出的分工、资本积累、技术进步等核心概念,至今仍是经济增长分析的重要组成部分。古典经济学家们构建的思维框架,使后世的经济学家能够在此基础上不断深入研究,探索经济增长的更多层面和细节。古典经济增长理论所强调的市场机制、自由竞争等思想,对后来的新古典经济学、发展经济学等学派产生了深远的影响。这些学派在继承古典经济增长理论基本思想的同时,不断对其进行修正和拓展,形成了更加完善、系统的经济增长理论体系。

2. 政策指导与实践应用

古典经济增长理论不仅在理论层面产生了深远影响,还在政策指导和实践应用方面发挥了重要作用。许多国家在经济发展过程中,都借鉴了古典经济增长理论的思想和方法,制定了一系列促进经济增长的政策措施。

例如,通过鼓励市场竞争、优化资源配置、提高劳动生产率等手段,推动经济快速增长。同时,古典经济增长理论也强调了教育、科技、基础设施等长期因素对经济增长的重要性,引导各国政府在这些领域加大投入,为经济持续增长打下坚实基础。

3. 跨学科影响与融合

古典经济增长理论的影响不仅局限于经济学领域,还对其他学科产生了深远的影响。例如,在管理学领域,古典经济增长理论所强调的分工与专业化思想,为企业提高生产效率、优化组织结构提供了重要的理论依据。

在人口学领域,古典经济增长理论关于人口增长与经济发展的关系的研究,为人口政策制定提供了重要参考。此外,古典经济增长理论还与社会学、政治学等学科产生了广泛的交叉与融合,推动了跨学科研究的深入发展。

(二)古典经济增长理论的局限性

1. 忽视技术进步与制度因素

古典经济增长理论虽然提到了技术进步对经济增长的作用,但并未将其视为经济增长的核心驱动力。同时,古典经济增长理论也忽视了制度因素对经济增长的重要影响。在现实中,技术进步和制度创新是推动经济增长的重

要力量,而古典经济增长理论在这方面的缺失,使其无法全面解释经济增长的动力和机制。

2. 假设条件过于严格

古典经济增长理论的许多模型和结论都是基于一系列严格的假设条件得出的。这些假设条件包括完全竞争市场、充分就业、资本和劳动可完全替代等。然而,在现实中,这些假设条件往往难以成立。例如,市场往往存在不完全竞争、信息不对称等问题,资本和劳动也并非完全可以相互替代。因此,古典经济增长理论在解释现实经济增长时存在一定的局限性。

3. 难以解释长期经济增长

古典经济增长理论主要关注的是短期内的经济增长问题,而对于长期经济增长的解释则显得力不从心。在现实中,长期经济增长往往受到多种因素的影响,包括技术进步、制度创新、人口变化、资源环境等。这些因素之间相互作用、相互影响,形成了一个复杂的系统。而古典经济增长理论在分析这些因素时往往显得过于简单和片面,难以全面解释长期经济增长的动力和机制。古典经济增长理论在经济学领域产生了深远的影响,为后世经济学研究提供了重要的思想基础和分析工具。然而,随着经济学研究的深入和现实经济环境的变化,古典经济增长理论也暴露出一些局限性。因此,在借鉴古典经济增长理论的同时,还需要结合现实情况对其进行修正和拓展,以更好地解释和指导现实经济增长。

第二节　新古典经济增长理论

新古典经济增长理论是经济学领域中的一个重要分支,它为理解经济增长的机制和动力提供了有力的工具。以下是对新古典经济增长理论的详细阐述,内容将尽量涵盖其基本概念、基本假设、模型等方面。

一、新古典经济增长理论的基本概念

同其他经济学分支一样,经济增长理论的研究对象也是极其复杂的经济系统,所以,在进行经济增长问题研究时,要将经济系统分解为若干个子系统,然后将子系统组织成一个分析框架。

经济增长理论旨在解释或(和)预测经济增长事实。因此,经济增长理论分析框架的选择要有利于理解经济增长事实,尤其是其主要特征。在经济学家看来,经济增长事实的主要特征是经济增长是一个长期动态过程。经济增

长的动态性是显然的;至于长期性的理解,要注意与短期经济波动,也就是经济周期区别开来。经济周期多由总需求方面的因素引起;经济增长则主要是总供给方面因素变动的结果是经济增长是"(移动的)均衡状态",具体而言,它是经济活动参与人最优化决策及其交互作用的结果。至此,经济增长事实可以被概括地表述为:它是经由经济活动参与人最优化决策行为及其交互作用,而达成的长期结果,这一结果被称为均衡状态。新古典经济增长理论,又称为外生经济增长理论,起源于20世纪50年代,以索洛-斯旺模型为代表。这一理论将经济增长归因于技术进步、资本积累和劳动力增加等因素。与新古典经济学之前的理论不同,新古典经济增长理论更加强调市场在资源配置中的基础性作用,认为在完全竞争的市场条件下,经济能够实现最优增长。一般地,由于经济增长是宏观经济现象,所以,经济增长理论遵循宏观经济学的传统,将经济行为人分为四类:厂商(生产者或企业)、居民(消费者或家庭)、政府和国外部门。当然,更多的时候,只考虑仅有厂商和居民的两部门经济。甚至,在做出了不存在宏观经济短期问题的假设之后,可以认为经济中只有一种组合单位,即家庭—生产者。至于厂商和消费者各自的最优决策及其交互作用,可以表述为一般均衡结构:首先,家庭拥有经济中所有的投入和资产(包括企业的所有产权),并在其收入中选择储蓄与消费的比例。每个家庭决定要生多少孩子,是否加入劳动力市场以及工作多少时间。家庭进行这些决策的目的是使其效用最大化。其次,企业有劳动和资本之类的投入,而且利用这些投入来生产卖给消费者或其他企业的产品。企业拥有持续演变的技术,使它们能够将投入转化为产出。企业的目标是利润最大化。最后,企业向家庭或其他企业出售产品,家庭向企业出售投入,这就构成了市场。需求和供给决定了投入和所生产出的产品的相对价格。

长期以来,关于经济行为人及其决策的认定,经济增长理论都遵循着上述传统。这一传统的主要特点有两个:一是生产者与消费者的分离是事先给定的;二是生产者与消费者都以"总体"形式存在。前者沿袭了新古典经济学的分析方法,也就是所谓"马歇尔传统";后者则刻上了宏观经济学分析方法的印记。然而,不得不正视的事实是:面对复杂的经济系统,这两种分析方法都存在着或多或少的缺点。换言之,如果能够放松这两个假定,那么经济增长理论的解释力应该能够得到提高。

二、新古典经济增长理论的基本假设

正是基于对经济增长事实的这种理解,经济学家通常以经济行为人的最优决策行为为中心来组织经济增长理论的分析框架。这一框架包括以下四个

层次:

(一)经济行为人决策前的经济环境

在经济增长理论中,假设条件构成了理论的基石和逻辑起点,它们为经济分析提供了必要的抽象和简化,使经济学家能够更加专注于研究经济增长的本质和规律。市场结构是经济增长理论中的一个重要假设。新古典经济增长理论通常假设市场是完全竞争的,这意味着市场上存在大量的买者和卖者,他们之间的交易不会对市场价格产生显著影响。这一假设保证了市场价格的公正性和资源的有效配置。在完全竞争的市场结构下,企业只能接受市场价格,无法通过控制产量或价格来获取超额利润。这种市场结构有助于消除市场势力,确保经济增长的效率和公平性。生产函数描述了投入与产出之间的关系,即一定数量的生产要素能够生产多少产品。新古典经济增长理论通常假设生产函数具有边际收益递减的特性,这意味着随着某一生产要素投入的增加,其边际产量将逐渐降低。这一假设反映了生产要素之间的替代性和生产效率的变化。边际收益递减规律保证了在不存在技术进步的情况下,经济增长最终会趋于稳定状态。同时,生产函数的假设也提供了分析经济增长动力和源泉的重要工具。效用函数描述了消费者的偏好和满足程度,即消费者在不同商品和服务之间做出选择时所依据的标准。新古典经济增长理论通常假设消费者的效用函数具有凸性,这意味着消费者更愿意选择多样化的消费组合。这一假设反映了消费者的理性和最优化行为,为分析经济增长过程中的消费和储蓄行为提供了基础。

(二)经济学家用数学中的最优化决策理论分析

在经济增长理论的宏大框架内,经济行为人的自利行为成为一个核心议题。这种自利行为并非孤立存在,而是深深地嵌入时间的长河之中。换言之,每个经济行为人在做出决策时,都不是在静止的时空点上进行选择,而是在一个动态的过程中寻求最优解。他们的决策不仅仅是对当前经济环境的即时反应,更是对未来可能变化的深思熟虑。这种动态最优行为在经济增长理论中有着双重分析维度:动态分析和比较动态分析。动态分析关注的是在经济环境保持不变的条件下,经济行为人如何通过自利行为达到动态最优决策。这要求经济行为人不仅要考虑眼前的利益,还要兼顾未来的影响,从而在时间的长河中找到一个平衡点。而比较动态分析则更进一步,它探讨的是当经济环境发生变化时,经济行为人的动态最优决策会如何调整。这种分析揭示了经济行为人如何根据环境的变化灵活调整自己的策略,以确保自身利益的最大化。这种灵活性和适应性是经济增长过程中不可或缺的动力源泉。

(三) 经济学家用均衡概念分析

在经济增长理论中,这一次层次分析得到的结果,一般被称为均衡的动态和比较动态分析:前者主要说明经济环境不变时,经济行为人自利行为交互作用的结果;后者则分析经济环境变化时,交互作用结果如何变化。

(四) 与价值判断有关的所谓规范分析

与价值判断相关的规范分析在经济增长理论中具有不可或缺的地位。规范分析不仅涉及经济增长的路径选择,更关乎社会福利和公平的价值取向。在进行规范分析时,经济学家会基于一定的价值理念和伦理标准,对经济行为和政策进行评估和判断。具体到经济增长的语境中,规范分析旨在探讨如何实现经济的高效、可持续和公平增长。经济学家在规范分析的层次上,会深入探究经济增长的社会效应,以及不同增长路径对社会福祉的潜在影响。不仅会考虑经济增长的速率和规模,还会关注增长过程中的收入分配、就业机会、环境质量以及社会稳定性等多元因素。此外,规范分析还涉及对经济增长政策的道德和伦理审视。经济学家会思考如何平衡不同社会群体的利益,确保经济增长的成果能够惠及广大人民群众,而不是仅仅集中在少数人手中。这种分析不仅要求经济学家具备深厚的经济学功底,还需要拥有广泛的视野和敏锐的社会责任感。

三、新古典经济增长模型

(一) 索洛-斯旺模型

索洛-斯旺模型作为新古典经济增长理论的代表性模型,为深入解析经济增长的内在机制提供了有力的工具。该模型聚焦于一个封闭的经济体系,详细探讨了资本、劳动和技术这三大生产要素如何相互交织、相互影响,从而共同推动经济的持续增长。在这个模型中,资本和劳动被视为经济增长的两大基石。资本的积累为企业提供了扩大生产、更新设备的资金,而劳动的投入则是生产过程中的必要环节。技术则被视为经济增长的催化剂,它能够提升生产效率,使同样的资本和劳动投入能够获得更多的产出。索洛-斯旺模型的一个重要结论是,无论一个经济体初始的资本-劳动比例是怎样的,随着时间的推移,经济都会逐渐收敛到一个稳定的增长路径上。这一路径的形成并不是偶然的,而是由外生的技术进步率和人口增长率共同决定的。技术进步率反映了经济体在技术创新、研发等方面的成果,而人口增长率则决定了劳动力的供给情况,这一结论揭示经济增长的长期趋势和稳定性。尽管短期内经济可能会受到各种冲击和波动的影响,但长期来看,经济总会回归到由技术进步和人口增长决定的稳定增长路径上。这为政策制定者提供了重要的参考,即要想实现经济的持续增长,就必须重视技术创新和人口政策。

(二)拉姆齐-卡斯-库普曼斯模型

拉姆齐-卡斯-库普曼斯模型在新古典经济增长理论中具有重要地位,因为它成功地将消费者的最优化行为引入经济增长的分析中,为经济增长理论建立了坚实的微观基础。这一模型不仅深化了对经济增长过程的理解,而且揭示了储蓄率在决定经济增长中的关键作用。在拉姆齐-卡斯-库普曼斯模型中,消费者的最优化行为被视为经济增长的重要驱动力。消费者根据自身的偏好、收入水平和市场利率等因素,理性地选择消费和储蓄的比例,以实现跨期效用的最大化。这种最优化行为导致了资本积累的变化,进而影响到经济增长的速度和路径。与索洛-斯旺模型相比,拉姆齐-卡斯-库普曼斯模型更加强调储蓄率在内生决定经济增长中的重要性。它认为,储蓄率的变化不仅会影响到资本的积累,还会通过改变市场利率和工资水平等变量,进而影响到经济增长的全局。因此,政策制定者可以通过调整税收、社会保障等政策措施来影响储蓄率,从而实现经济增长的优化,然而拉姆齐-卡斯-库普曼斯模型仍然将技术进步视为外生变量。这意味着模型没有解释技术进步的来源和机制,而是将其视为由经济系统外部因素决定的。这一假设限制了模型在解释经济增长源泉方面的能力,也是该模型在未来研究中需要进一步拓展和改进的方向。

第三节 内生经济增长理论

内生经济增长理论是20世纪80年代以来宏观经济学中最重要的成果。内生经济增长理论远比新古典的外生经济增长理论复杂,其主要表现在对技术与资本之间的假设不同,以及对技术进步的设定存在不同程度的差异。

一、内生经济增长理论的方法论

1936年凯恩斯《就业、利息和货币通论》的发表使西方经济学一分为二:微观经济学和宏观经济学。直到20世纪70年代,两者之间存在泾渭分明的研究方法和领域。在微观层面经济学家强调经济主体的理性,消费者在预算约束下效用最大化,生产者在生产函数约束下利润最大化。但是在宏观层面,经济学家则依赖于一些和个体理性及最优化完全无关的总体曲线(如IS-LM模型和菲利普斯曲线)来解释问题,或者对一些重要变量直接进行假定,例如凯恩斯的边际消费倾向或储蓄率等,即在宏观经济分析中缺少微观基础。外生经济增长理论就是一个缺少微观基础的宏观模型。在索洛模型中,储蓄率是一个外生的给定变量并且是固定不变的。至于为什么是外生的,以及为什么是固定不变的,并没有给出明确的说明,在具体论证过程中,也没有考虑到微观经济个体的选择行为。

自20世纪70年代起现实经济实践发生了一些传统的宏观经济模型不能解释的现象,例如,菲利普斯曲线所阐述的通货膨胀和失业率负相关的关系不再成立。与之相反,这两者呈现出正相关的关系。同时,在经济学自身的研究上,人们也开始寻求宏观分析的微观基础。因此,自那时起,在宏观经济的研究方法上开始了一系列革新,一些考虑了微观基础并且非常成功的分析方法纳入宏观经济分析中。内生经济增长理论则是一个非常成功的例子。

内生经济增长理论的分析方法实际上来自卡斯和库普曼斯对索洛模型的改造,他们将拉姆齐的最优储蓄模型引入了经济增长理论中,从而形成所谓的拉姆齐-卡斯-库普曼斯模型。内生经济增长理论广泛地采用了这一分析方法。在这些模型中直接从微观个体的理性选择行为出发,来刻画个人的消费动态行为和资本积累的动态过程。这种分析方法的优点在于:在内生经济增长理论中,往往涉及报酬递增以及外部性的问题,这种分析方法能够非常巧妙地处理在这样的环境下稳定态的存在问题。

在探索经济增长的奥秘时,内生经济增长理论提供了一种独特的视角。这一理论强调,经济增长并非外部因素的简单作用,而是经济体内部各种要素相互作用的结果。通过深入研究这些内部要素,可以更好地理解经济增长的本质和动力。内生经济增长理论,也被广泛地称为新增长理论,自20世纪80年代中期以来,逐渐在经济学的舞台上占据了重要的地位。这一理论的提出,为深入解析经济增长的根源和机制提供了新的视角和工具。它的核心思想在于,经济增长并非简单地由外部因素推动,而是经济体内部各种力量交织、作用的结果。这种内部力量,具有自主性、持续性和创新性,是经济增长真正的源泉。

(一)内生经济增长理论强调经济增长的动力来自经济体内部

这与传统的经济增长理论形成了鲜明的对比。传统的经济增长理论往往将经济增长归因于外部因素,如资本积累、劳动力增加等。然而,内生经济增长理论则认为,这些因素虽然重要,但并非经济增长的根本动力。真正的动力来自经济体内部的技术进步、人力资本积累和制度创新等。

(二)技术进步被视为内生经济增长的核心要素

它不仅能够直接提高生产效率,降低生产成本,还能够推动新产品、新工艺的开发和应用,从而引领产业升级和经济结构的优化。在技术进步的作用下,经济体能够实现持续、稳定、健康的增长。人力资本积累则是内生经济增长的另一重要支撑。在知识经济时代,人力资本的重要性日益凸显。通过教育和培训等方式,劳动者可以不断提升自身的人力资本水平,从而提高劳动生产率和经济增长潜力。同时,人力资本的积累还具有溢出效应,能够带动其他生产要素的提升和经济增长的加速。

制度创新也是内生经济增长不可或缺的因素。制度是经济增长的重要环境变量,它规定了经济主体的行为规范和利益分配机制。通过制度创新,可以优化资源配置、提高生产效率、激发创新活力,从而推动经济的持续增长。同时,制度创新还能够为技术进步和人力资本积累提供良好的制度保障和激励机制,进一步放大这些因素对经济增长的促进作用。

(三)内生经济增长理论在经济增长中的重要作用

在经济增长的过程中,经济结构会不断地发生变化和调整。通过技术进步、人力资本积累和制度创新等内部力量的作用,经济体可以实现产业结构的升级、就业结构的改善和收入分配的优化等,从而提高经济增长的质量和效益。内生经济增长理论揭示了经济增长的真正源泉和动力机制。它强调经济增长是经济体系内部力量作用的产物,这些内部力量主要来源于技术进步、人力资本积累、制度创新等因素。同时,这些因素在经济增长过程中发挥着至关重要的作用,它们不仅能够提高生产效率,还能推动经济结构的优化和升级。因此,在制定经济政策时,应注重激发和培育这些内部力量,以实现经济的持续、稳定、健康增长。

二、内生经济增长理论的主要观点

(一)技术进步是经济增长的核心动力

在内生经济增长理论的丰富内涵中,技术进步被赋予了至关重要的角色,被视为经济增长的核心动力。这种动力并非空洞或抽象,而是深深根植于经济活动的每一个环节,从微观的企业生产到宏观的产业结构变迁,都能见到技术进步的身影。技术进步对生产效率的提升作用不言而喻。随着科技的不断发展,新的生产工具、工艺和方法不断涌现,使企业在同样的投入下能够获得更多的产出。这种生产效率的提升不仅降低了单位产品的生产成本,增强了企业的市场竞争力,还为企业带来了更多的利润空间,从而激发了企业进一步扩大生产规模、增加投资的积极性。

技术进步在推动新产品开发和产业升级方面也发挥着举足轻重的作用。随着消费者需求的日益多样化和个性化,传统的产品和产业结构已经难以满足市场的需求,而技术进步则为新产品的开发提供了可能。通过研发和创新,企业可以不断推出新的产品,满足消费者的新需求,从而开拓新的市场空间。同时,技术进步还促进了产业升级。这种产业结构的优化和升级不仅提高了经济的整体效率,还为经济的持续增长注入了新的活力。技术进步还具有显著的溢出效应。所谓溢出效应,是指一个行业的技术进步不仅对该行业自身产生积极影响,还能够带动其他相关行业的发展。这是因为在一个高度分工和协作的现代社会中,各个行业之间都存在着紧密的联系。一个行业的技术进步往往会引发其他相关行业的技术变革和创新。例如,信息技术的快速发展不仅推动了计算机、通信等行业的繁荣,还对传统制造业、服务业等产生了深远的影响。通过信息技术的应用,传统行业可以实现生产过程的自动化、智能化和管理的高效化,从而提高生产效率、降低成本、提升竞争力。这种跨行业的溢出效应使技术进步对经济增长的推动作用得以放大。技术进步对经济增长的推动作用并非孤立存在,而是与经济体系中的其他要素相互作用、共同发力。例如,人力资本积累、制度创新等因素都为技术进步提供了必要的支持和保障。同时,技术进步也为这些因素的发挥提供了更加广阔的空间和平台。因此,在推动经济增长的过程中,不能仅仅关注技术进步本身,还需要注重与其他因素的协同和配合,以实现经济的全面、协调和可持续增长。技术进步在内生经济增长理论中占据了举足轻重的地位。它不仅可以提高生产效率、降低生产成本、推动新产品开发和产业升级,还具有显著的溢出效应,能够带动其他相关行业的发展。因此,应该高度重视技术进步在经济增长中的作用,采取有效措施推动科技创新和成果转化,为经济的持续、稳定、健康发展提供有力支撑。

(二)人力资本积累是经济增长的重要因素

人力资本,这一概念在经济学的语境中,被赋予了深厚的内涵和重要的意义。它指的是劳动者所具备的知识、技能、经验以及健康状况等,这些因素能够为其带来经济收益,进而在社会经济的运行中发挥作用。人力资本不同于物质资本,它具有灵活性、创新性和增值性,是推动现代经济增长不可或缺的力量。在内生经济增长理论的框架内,人力资本积累被提升到了一个至关重要的位置。这一理论认为,经济增长并非完全由外部因素如资本投入或自然资源所决定,而是更多地依赖于经济体内部的动态变化,其中人力资本积累就是这些内部变化中的核心要素之一。

通过教育和培训等方式,劳动者的知识水平和技能得以提升,这不仅直接增加了人力资本的存量,还间接提高了劳动生产率。当劳动者能够更高效地运用工具、掌握更先进的技术、管理更复杂的流程时,生产的效率和质量都会得到显著提升。这种提升不仅体现在单个企业的竞争力增强,更在宏观层面上推动了整个经济的增长。

人力资本的积累还具有长远的影响。它不仅能够提高当期的生产效率,还能够为未来的技术进步和产业升级提供人才储备。在知识经济时代,创新成为驱动经济增长的关键,而创新往往源于对知识的深度挖掘和跨界融合。因此,人力资本积累实际上为经济增长提供了一种持续的动力。与人力资本积累相辅相成的是制度创新。制度创新是指通过改变经济制度的安排和激励机制来推动经济增长的过程。在内生经济增长理论中,制度创新同样被视为经济增长的重要保障。

一个有效的经济制度能够优化资源配置,确保资源能够流向最具生产效率和创新潜力的领域。当制度能够充分激励个人和企业的创新行为时,社会的创新活力就会被极大地激发出来。这种活力不仅体现在新产品、新技术的不断涌现,还体现在组织结构、管理方式等各方面的持续创新。制度创新还能够降低交易成本、提高市场效率。当制度环境变得更加透明、公平、可预期时,经济主体之间的合作和交易就会变得更加顺畅。这不仅能够降低生产过程中的摩擦成本,还能够促进更大范围内的专业化分工和协作,从而进一步提高生产效率。人力资本积累和制度创新在内生经济增长理论中占据了举足轻重的地位。它们分别从提升劳动者素质和优化经济制度两个方面为经济增长提供了强大的动力。在未来的发展中,应该更加重视这两方面的投入和建设,以期实现经济的持续、健康增长。

三、内生经济增长理论的政策含义

在深入探讨经济增长的源泉和机制时,内生经济增长理论尤具洞见。这一理论不仅为理解和制定经济政策提供了重要的理论支撑,还揭示了经济增长的内部动力机制,进而指明了一种新的经济增长模式。

（一）内生经济增长理论的核心作用

强调技术进步、人力资本积累和制度创新在经济增长中的核心作用。这意味着希望实现持续、健康的经济增长，就不能忽视这些关键要素。在制定经济政策时，应注重在这些方面进行投入和改革。以技术进步为例，政府可以通过增加科研投入、鼓励企业创新、优化创新环境等方式来推动技术进步。同时，教育系统的改革也是至关重要的，因为它直接关系到人力资本积累的效率和质量。需要确保教育体系能够培养出具备创新精神和实践能力的人才，以满足经济发展的需求。此外，制度创新也是不可或缺的一环。政府应致力于营造一个公平、透明、可预期的制度环境，以激发市场主体的活力和创造力。

（二）内生经济增长理论揭示经济增长的内部动力机制

与传统的经济增长理论相比，这一理论更加强调经济体系内部因素的作用。这种内部动力主要来源于技术进步、人力资本积累和制度创新等因素的相互作用。这种认识有助于更好地理解经济增长的本质和规律，从而更加准确地把握经济增长的脉搏。在实践中，这意味着需要更加关注经济体系内部的动态变化，以及这些变化如何影响经济增长的速度和质量。例如，当新技术出现时，应及时评估其对产业结构、就业市场和竞争格局的潜在影响，并制定相应的政策应对措施。同样地，当人力资本积累达到一定水平时，也应预见并应对可能出现的劳动力市场变化和消费需求升级等问题。

（三）内生经济增长理论提供一种新的经济增长模式

这种模式不再过分依赖外部要素的投入，而是更加注重内部要素的优化和升级。通过技术进步、人力资本积累和制度创新等内部力量的作用，经济体可以实现持续的、内生的增长。

这种新的增长模式对应对当前和未来的经济挑战具有重要意义。在全球经济环境日益复杂多变的背景下，单纯依靠外部要素投入来推动经济增长已经变得越来越困难。因此，需要转变经济增长方式，更加注重挖掘内部潜力，以实现经济的持续、稳定、健康发展。内生经济增长理论对于理解和制定经济政策具有重要意义。它强调了技术进步、人力资本积累和制度创新在经济增长中的重要作用，揭示了经济增长的内部动力机制，并指明了一种新的经济增长模式。在未来的发展中，应充分借鉴和运用这一理论，以推动经济实现更高质量、更有效率、更加公平、可持续的发展。

四、内生经济增长理论的实践应用

内生经济增长理论,自其诞生以来,已在全球范围内产生了深远的影响。它不仅为经济学研究开辟了新的视角,更为各国在制定经济政策时提供了有力的理论支撑。实践中,许多国家已经认识到技术进步、人力资本积累和制度创新在推动经济增长中的关键作用,并积极地将这些理念应用于经济政策制定中。

许多国家都深知技术进步对于提升国家竞争力和促进经济增长的重要性。因此,这些国家纷纷加大在科技研发领域的投入,鼓励创新,以期望通过技术进步来驱动经济的持续增长。不仅如此,政府还与企业、学研机构等密切合作,共同构建创新生态,加速科技成果的转化和应用。

教育被普遍认为是提升国家人力资本水平的关键途径。因此,各国政府在教育领域的投入也持续增加,旨在提高国民的整体教育水平,培养出更多高素质的人才。此外,职业培训、终身教育等也被纳入人力资本积累的策略中,以满足经济社会发展对多样化人才的需求。

制度创新则是激发经济活力和提升市场效率的重要手段。在实践中,许多国家通过深化改革,优化制度环境,来激发市场主体的创造力和竞争力。这包括完善法律法规、简化行政审批、加强知识产权保护等,以营造一个公平、透明、可预期的市场环境。

这些实践案例充分证明了内生经济增长理论在指导经济政策制定和推动经济增长中的重要意义。其不仅为各国政府提供了有力的政策工具,更为经济增长注入了新的动力。

内生经济增长理论并不是一种固定不变的模式或公式。它强调的是经济体内部的动态变化和自我提高的机制。因此,在应用这一理论时,各国需要根据自身的国情和发展阶段来制定具体的政策措施。例如,发达国家可能更加注重在高端技术领域的研发和创新,以维持其在全球价值链中的领先地位。而发展中国家则可能更加注重基础教育和职业培训的普及,以提升其整体的人力资本水平。同样地,在制度创新方面,各国也需要根据其市场环境和制度基础来设计和实施改革措施。内生经济增长理论为各国制定经济政策提供了新的思路和框架。通过注重技术进步、人力资本积累和制度创新在经济增长中的作用,各国可以更加有效地推动经济的持续增长和发展。未来,随着全球经济的不断变化和发展,内生经济增长理论将继续发挥其重要的指导作用,为各国经济的繁荣和进步提供有力的支持。

五、内生经济增长理论的挑战与未来发展

尽管内生经济增长理论在解释经济增长方面取得了显著的成就并为政策制定提供了有力的指导,但它也并非完美无缺,仍然面临着一些挑战。这些挑战主要来自理论在解释不同国家之间经济增长差异时的局限性,以及在实证检验中遭遇的困难。

(一)内生经济增长理论存在局限性

内生经济增长理论在解释不同国家之间经济增长差异时存在一定的局限性。该理论主要强调经济体内部的动态变化和自我提高的机制,但对于不同国家之间的制度、文化、历史等差异则相对忽视。这些差异往往对经济增长产生重要影响,使不同国家的经济增长路径和速度呈现出多样化的特征。例如,一些国家由于历史原因拥有较为完善的制度基础和较高的教育水平,这使它们在技术创新和人力资本积累方面具有天然的优势,从而更容易实现经济的快速增长。而另一些国家则可能由于制度不健全、教育水平落后等原因而陷入经济增长的困境。这种差异并不是内生经济增长理论能够完全解释的。

(二)内生经济增长理论在实证检验方面也面临着一些困难

由于经济增长是一个复杂而多维的过程,涉及众多因素的相互作用,因此要对内生经济增长理论进行严格的实证检验并不容易。一方面,数据的质量和完整性对实证结果产生重要影响,而现实中往往存在数据缺失、统计口径不一致等问题;另一方面,内生经济增长理论所涉及的变量往往难以准确度量,如技术进步、人力资本等,这使实证结果的准确性和可靠性受到一定影响。

(三)内生经济增长理论的未来发展

随着经济学研究的深入和数据的不断完善,有理由相信,内生经济增长理论将会得到进一步的发展和完善。一方面,随着计量经济学和大数据技术的发展,可以对内生经济增长理论进行更加严格的实证检验和评估,从而验证其有效性和适用性;另一方面,随着对制度、文化、历史等因素的深入研究,可以将这些因素纳入内生经济增长理论的分析框架中,从而增强其解释力和预测力。

尽管内生经济增长理论目前面临着一些挑战和批评,但人们仍然对其充满信心和期待。相信在未来的发展中,这一理论将会揭示更多关于经济增长的奥秘,并为推动全球经济的繁荣和发展提供有力的支持。

第三章　效率型经济增长模型的构建与分析

第一节　生产率与经济增长的关系

生产率是一个国家或地区在一定时期内,投入的生产要素所生产的符合社会需要的有效产品的数量和劳动力、土地、设备等生产要素的效率。生产率是衡量一个国家或地区经济增长质量和可持续发展能力的重要指标,也是企业和政府决策的重要依据。

一、生产率的定义与测量

(一)定义

生产率是衡量单位投入产出水平的一个指标,通常以单位劳动或资本的产出量来表示。简单来说,生产率就是劳动生产率或资本生产率,即劳动者或资本的产出与其投入的比率。生产率的提高意味着在相同投入的情况下,能够获得更多的产出,或者在产出相同的情况下,能够减少投入。这通常反映了技术的进步、效率的提高和资源的有效配置。

(二)测量

生产率的测量通常采用劳动生产率和全要素生产率两种方法。劳动生产率是指每个劳动力所生产的产出量,通常以单位劳动力的产出值来衡量。全要素生产率则是指除劳动力和资本之外的所有生产要素所生产的产出量,包括技术进步、组织管理、资源配置等方面的因素。全要素生产率的提高意味着除了劳动力和资本之外的其他生产要素的效率在不断提高。

二、生产率与经济增长

生产率与经济增长之间有着密不可分的关系,它被视为经济增长的核心要素。在全球经济高速发展的今天,生产率的地位愈加凸显,它不仅关乎单一企业的盈利和竞争力,更是一个国家经济繁荣与稳定的重要基石。当谈论生产率时,实际上是指单位时间内投入的资源所能产生的经济价值。高生产率意味着在相同的时间内,用更少的资源能够创造出更多的财富。这种高效率直接转化为高产出,为企业带来更多的销售收入和利润空间。同时,这也意味着在同样的成本下,企业能够提供更多的产品或服务,从而增强其在市场中的竞争力。

在全球化的大背景下,国际的经济竞争日趋激烈。各国政府和企业都深知,要想在这场竞争中脱颖而出,提高生产率是必经之路。这不仅仅是为了追求更高的经济效益,更是为了确保国家的长远发展和民众的持续福祉。

生产率的提高对于经济增长的推动作用是多方面的。首先,它有助于增加产出。在资源有限的情况下,通过改进生产技术、优化生产流程等方式提高生产效率,可以在不增加资源投入的前提下实现产出的最大化。这不仅能够满足日益增长的市场需求,更能推动经济持续、稳定地增长。其次,生产率的提高对于降低成本有着显著的影响。在企业运营过程中,成本的高低直接决定了盈利的多少。通过提高生产率,企业可以在保持甚至提高产品质量的同时,实现生产成本的降低。这不仅提升了企业的利润空间,也使其在市场上的价格竞争中更具优势。此外,生产率的提高还为社会创造了更多的就业机会。随着生产效率的提升,企业在扩张过程中需要招聘更多的员工来满足生产需求。这不仅为求职者提供了更多的工作机会,也促进了社会的稳定与和谐。同时,高生产率的企业往往具备更强的抗风险能力,能够在经济波动时保持稳定的运营和就业水平,从而为国家经济的整体稳定做出贡献。

除了上述直接的经济效益外,生产率的提高还带来了一系列的社会和环境效益。例如,通过改进生产工艺和减少资源浪费,企业可以实现更加环保和可持续的生产方式。这不仅有利于企业的长期发展,也为社会的可持续发展做出了积极贡献。生产率作为经济增长的核心要素,在推动经济发展、增强国际竞争力、创造就业机会以及促进社会稳定等方面都发挥着不可替代的作用。因此,各国政府和企业都应该将提高生产率作为重要的战略目标,通过不断创新和努力来实现经济的持续繁荣和社会的和谐发展。

三、生产率提高的驱动因素

(一)技术进步

技术进步是推动生产率提高的重要力量,这一点已经得到了广泛的认同。随着科技的不断发展,企业可以通过引入新的技术和设备,提高生产效率,减少生产成本,从而获得更高的产出。技术进步不仅体现在生产过程中,也包括管理技术、信息技术等方面的进步,这些都对提高生产率有着重要的影响。生产技术的不断改进和创新是企业提高生产率的重要途径。通过引入新的技术和设备,企业可以大幅度提高生产效率,降低生产成本,从而获得更多的利润。例如,随着自动化和智能化技术的不断发展,越来越多的企业开始引入机器人和自动化生产线,这些技术和设备可以大幅提高生产效率,减少人工成本和生产周期,从而提高企业的竞争力。

管理技术的进步也是提高生产率的重要因素之一。随着管理理论的不断发展和管理实践的不断创新,企业可以通过引入新的管理技术和方法,优化生产流程和组织结构,提高生产效率和产品质量。例如,精益生产、敏捷制造等先进的管理理念和方法可以帮助企业实现更高效的生产和更快速的市场响应,从而提高生产率。信息技术也是推动生产率提高的重要力量之一。信息技术的发展使企业可以更好地实现信息化、数字化和智能化生产,通过数据分析和智能化决策,提高生产效率和产品质量。例如,物联网、大数据、人工智能等新兴信息技术可以帮助企业实现实时监控、智能分析和自动化控制,从而大幅提高生产率和降低成本。政府政策和社会环境也是影响生产率的重要因素之一。政府可以通过税收优惠、财政补贴等政策支持,鼓励企业进行技术创新和管理改革;同时,良好的社会环境和文化氛围也可以激发企业的创新活力,促进技术和管理进步。技术进步是推动生产率提高的重要力量。随着科技的不断发展,企业需要不断地引入新的技术和设备,优化管理流程和组织结构,实现信息化、数字化和智能化生产。同时,政府和社会也需要提供良好的政策支持和文化氛围,鼓励企业进行创新和技术进步。

(二)人力资本积累

人力资本是生产率提高的关键因素之一,这一点已经得到了广泛的认同。劳动者的技能和知识水平对于提高生产率具有至关重要的作用。

1. 教育是提高人力资本的重要途径之一

通过教育,人们可以获得各种知识和技能,这些知识和技能对于提高生产率具有重要的作用。特别是高等教育和职业教育,对于培养高素质的人才和提高劳动者的技能水平具有至关重要的作用。政府和企业应该加大对教育的投入,提高教育质量和水平,为提高生产率提供坚实的人才基础。

2. 培训也是提高人力资本的重要手段之一

在职培训和技能提升课程可以帮助劳动者提高技能和知识水平,使他们能够更好地适应新技术和设备的要求。企业应该重视员工的培训和发展,提供各种培训课程和机会,帮助员工提升自身的能力和竞争力。此外,高技能人才更能够适应新技术和设备的要求,能够更快地掌握新知识和新技能,为企业创造更多的价值。高技能人才在生产过程中更能够发挥自身的优势,提高生产效率和产品质量。因此,企业应该重视对高技能人才的引进和培养,建立完善的人才激励机制,吸引更多优秀的人才加入企业。

3. 人力资本的提高还受到其他因素的影响

健康和教育水平、劳动力市场供求关系、劳动力流动性和就业机会等都会影响人力资本的质量和生产率。政府和社会应该采取相应的政策和措施,改善这些因素,提高人力资本的质量和生产率。人力资本是生产率提高的关键因素之一。政府和企业应该加大对人力资本的投入,改善教育和培训质量,建立完善的人才激励机制,提高人力资本的质量和生产率。同时,政府和社会也应该采取相应的政策和措施,改善人力资本发展的环境和条件,促进人力资本的可持续发展。

(三)制度创新

1. 制度创新在生产率提高中起到了至关重要的作用

它为企业提供了更好的运营环境和更有利的条件,从而促进了生产率的提升。企业制度的改革是制度创新的重要组成部分,它可以提高企业的管理效率和灵活性,使企业更好地应对市场变化。企业制度的改革可以使企业更加灵活地应对市场变化。在快速变化的市场环境中,企业需要具备快速调整和适应的能力。通过改革企业制度,企业可以优化内部管理流程,提高决策效率和执行力,从而更好地应对市场变化。例如,一些企业采用了扁平化的组织结构,减少了管理层次,加快了信息传递和决策速度,从而更好地适应了市场变化。

2. 企业制度的改革可以提高企业的管理效率

通过建立科学的管理制度和规范的管理流程,企业可以减少管理漏洞和浪费,提高资源利用效率和生产效率。例如,一些企业采用了精益生产、六西格玛等先进的管理方法,通过消除浪费和优化流程,提高了生产效率和产品质量。此外,知识产权保护制度的完善也是制度创新的重要组成部分。知识产权是企业的重要资产,保护知识产权可以激发企业的创新活力,促进技术进步。通过建立完善的知识产权保护制度,企业可以保护自己的技术优势和创新成果,从而激发更多的创新活动和技术进步。同时,这也鼓励了企业加大对技术研发的投入,推动产业升级和经济发展。市场准入和退出机制的优化也是制度创新的重要方面。通过优化市场准入和退出机制,政府可以为企业提供更好的市场环境和更有利的竞争条件。这可以促使企业提高自身的效率和竞争力,推动产业升级和发展。例如,政府可以通过减少行政干预、放宽市场准入条件等措施,为企业提供更广阔的市场空间和发展机会。

制度创新可以为生产率的提高提供重要的保障和支持。企业制度的改革、知识产权保护制度的完善以及市场准入和退出机制的优化等措施可以为企业创造更好的运营环境和更有利的条件,促进生产率的提升和管理效率的提高。这不仅可以增强企业的竞争力和盈利能力,还可以推动经济的持续稳定发展和社会进步。为了实现制度创新并提高生产率,政府和企业需要共同努力。政府需要简政放权、放宽市场准入、优化市场环境,同时加强知识产权保护、鼓励创新和技术进步,还需要加大对教育和培训的投入、提高人力资本的质量和生产率。企业则需要积极参与市场竞争、提高自身的管理水平和创新能力,同时注重人才培养和引进高技能人才,还需要不断引入新技术和设备、推动信息化和数字化转型、提高生产效率和产品质量。

(四)产业结构调整

产业结构调整是推动生产率提高的重要途径之一。随着经济的发展和市场需求的变化,企业需要不断地调整自身的产业结构,优化资源配置,以提高生产效率。这种调整可以促使企业采用更先进的技术和设备,提高劳动生产率,同时也可以促进产业内部的升级和转型,提高整个产业的竞争力。

1. 产业结构的调整可以促使企业采用更先进的技术和设备

随着科技的不断进步和市场需求的不断变化,新的技术和设备不断涌现,企业需要及时跟进并采用这些新技术和设备,以提高生产效率。通过对产业结构的调整,企业可以逐步淘汰落后的技术和设备,引进先进的技术和设备,从而降低生产成本、提高产品质量和增加附加值。这种技术进步可以显著提高企业的劳动生产率,推动经济的增长和发展。

2. 产业结构的调整可以促进产业内部的升级和转型

在经济发展过程中,不同的产业会有不同的生命周期和发展阶段。通过对产业结构的调整,企业可以根据市场需求和产业发展趋势,合理配置资源,调整产品结构和市场策略,从而更好地适应市场需求和提高自身的竞争力。这种升级和转型可以促使企业更好地发挥自身优势,提高产业的整体效益和附加值,推动产业的转型升级和发展。

产业结构的调整也需要考虑一系列的问题。例如,如何平衡不同利益相关者的利益、如何应对可能出现的失业问题、如何处理产业结构调整带来的环境影响等。因此,在推进产业结构调整的过程中,需要采取综合性的措施,充分考虑各种因素,确保产业结构调整的顺利进行和社会经济的稳定发展。

(五)市场竞争

市场竞争是推动生产率提高的重要动力,它通过一系列机制和压力促使企业不断优化自身,提高生产效率。

市场竞争会促使企业加大技术投入。为了在市场中获得竞争优势,企业需要不断引入新的技术和设备,提高生产效率。只有通过技术升级和创新,企业才能降低成本、提高产品质量,进而在竞争中获得优势。同时,技术的提升也会带动企业生产率的提高,进一步提升企业的盈利能力。市场竞争会促使企业优化管理。在竞争激烈的市场环境中,企业的管理水平和效率决定了其在市场中的地位。为了应对市场竞争,企业需要不断优化内部管理流程,提高决策效率和执行力。通过引入先进的管理理念和方法,企业可以更好地协调内部资源,提高生产效率和管理水平,从而提升自身的竞争力。

此外,市场竞争还会促使企业降低成本。在价格竞争中,企业需要降低生产成本以保持价格优势。通过优化生产流程、减少浪费、提高资源利用效率等方式,企业可以降低生产成本,提高盈利能力。同时,企业还需要在市场营销、品牌建设等方面降低成本,以保持竞争优势。市场竞争不仅能促使企业个体提高生产率,还能推动整个行业的生产率提升。在竞争的压力下,企业需要不断进行技术和管理创新,从而推动整个行业的技术进步和管理水平的提升。这种竞争环境有利于行业的健康发展,能够促进行业内的优胜劣汰,使优秀的企业获得更大的市场份额。市场竞争也存在着一定的风险和挑战。激烈的市场竞争可能导致部分企业面临生存危机,需要不断提升自身实力以应对竞争。同时,过度的竞争也可能引发价格战等不良竞争行为,需要政府和社会进行监管和规范。市场竞争是推动生产率提高的重要动力。通过加大技术投入、优化管理、降低成本等方式,市场竞争能够促使企业不断提升自身的生产率和竞争力。同时,市场竞争还能推动整个行业的技术和管理进步,促进行业的健康发展。为了更好地发挥市场竞争的作用,政府和社会应该创造公平竞争的环境,鼓励企业进行创新和技术升级,同时加强监管和规范竞争行为,确保市场竞争的良性发展。

(六)基础设施和公共服务

基础设施和公共服务在提高生产率方面起着至关重要的作用。

基础设施是企业生产和经营活动的基础。良好的基础设施能够为企业提供稳定、高效的生产环境,降低生产成本,提高生产效率。例如,完善的交通基础设施可以降低企业的物流成本,提高物流效率;高效的能源基础设施可以保障企业的能源供应,降低能源成本;先进的信息基础设施可以促进企业信息化建设,提高信息化水平。这些基础设施的建设和完善,能够为企业创造更好的生产和经营条件,提高企业的生产效率和竞争力。

公共服务是保障企业正常生产和经营的重要支撑。优质的公共服务可以为企业提供全方位的服务支持,帮助企业解决实际问题和困难,提高企业的运营效率和市场竞争力。例如,政府可以提供有效的市场监管服务,维护公平竞争的市场环境;提供专业的技术支持服务,帮助企业解决技术难题;提供全面的人才培训服务,提升企业的人才素质和技能水平;提供完善的社会保障服务,减轻企业的负担和后顾之忧。这些公共服务的高质量供给,能够为企业创造更好的发展环境和条件,促进企业的健康发展和生产率的提高。

政府在基础设施和公共服务建设中扮演着重要的角色。政府可以制定科学合理的基础设施和公共服务规划,加大对基础设施和公共服务的投入力度,提高服务质量和效率。同时,政府还可以通过政策引导和财政支持等措施,鼓励和吸引社会资本参与基础设施和公共服务建设,形成多元化的投资和建设格局。

为了更好地发挥基础设施和公共服务在提高生产率中的作用,政府还需要加强与企业的沟通与合作,了解企业的实际需求和问题,针对性地提供支持和解决方案。同时建立科学的服务评价体系和反馈机制,及时发现和改进服务中存在的问题和不足之处。此外,政府还应该加大对科技创新、人才培养等领域的投入和支持力度,为企业的长远发展提供强有力的人才和技术支撑。基础设施和公共服务是影响生产率的重要因素之一。

四、政策建议与实践

政府在提高生产率方面可以采取一系列政策措施,这些措施能够直接或间接地促进生产率的提升,推动经济的高质量发展。

(一)加大对教育培训的投入,提高劳动者的技能和知识水平

劳动者的技能和知识水平对生产率的影响不容忽视。具备高技能和丰富知识的劳动者能够更加高效地完成任务,提高产出质量,从而提升整体生产率。为了提高劳动者的技能和知识水平,政府可以采取一系列措施加大对教育培训的投入。

政府可以提供免费或低成本的职业教育和培训课程。这样的措施可以帮

助那些没有受过高等教育或职业技能培训的劳动者获得更多的技能和知识。通过职业教育和培训,劳动者可以学习到与工作相关的实用技能和知识,提高自己的专业水平,从而更好地适应市场需求和提高生产率。

政府可以设立专项资金用于企业内部的培训和技能提升。这种资金可以为企业提供一定的支持,帮助企业开展内部培训、技能提升课程等活动,使劳动者能够不断更新自己的知识和技能,跟上技术发展的步伐。同时,政府还可以鼓励企业与教育机构合作,共同培养符合企业需求的人才。通过校企合作,企业可以获得与自身业务相关的专业知识和技术支持,而教育机构则可以根据企业的需求调整课程设置和教学内容,培养出更加符合市场需求的高素质人才。除了以上措施外,政府还可以采取其他方式来提高劳动者的技能和知识水平。例如,政府可以制定相关政策鼓励企业提供更多的培训机会,为劳动者提供更多的学习和发展空间;可以推广现代学徒制等人才培养模式,使劳动者在实践中学习和成长。这些措施的实施需要政府、企业、教育机构和劳动者共同努力和配合。政府需要制定科学合理的政策并加大投入力度,企业需要积极参与并承担相应的责任,教育机构需要不断创新和完善教育模式,劳动者需要积极学习和提升自己的能力。只有各方形成合力,才能够有效地提高劳动者的技能和知识水平,从而提高生产率,推动经济的持续发展。

同时,提高劳动者的技能和知识水平还需要注重长期性和可持续性。政府需要制订长期的教育培训计划,确保劳动者能够不断学习和成长;需要建立完善的职业晋升机制,为劳动者提供更多的发展机会。只有这样,才能够使劳动者具备持续的竞争力和适应能力,为经济发展提供源源不断的人才支持。

(二)鼓励企业进行技术创新和研发投入

技术创新和研发投入是推动生产率提高的重要引擎,也是企业持续发展的核心竞争力。政府作为宏观经济的管理者,可以通过一系列政策措施鼓励和引导企业增加对技术创新和研发的投入,从而提高生产率。

政府可以提供税收优惠和财政补贴等政策支持,以降低企业的研发成本和风险,如可以针对企业的研发活动或技术创新项目给予一定的税费减免或资金支持,从而激发企业进行技术研发和创新的积极性;政府可以实施企业研发费用加计扣除政策,即允许企业在计算所得税时,将研发费用加计一定比例扣除,从而降低企业的税负;此外,政府还可以设立专项基金,为企业的技术研发项目提供贷款、担保或直接投资等形式的资金支持。

政府可以通过加强知识产权保护来激发企业的创新活力。知识产权保护是企业进行技术创新和研发的重要保障,能够确保企业的技术成果不受侵犯,维护公平竞争的市场环境。政府可以制定更加严格的知识产权法律法规,加大对侵权行为的打击力度,提高侵权成本,从而鼓励企业积极申请专利、商标等知识产权保护措施。同时,政府还可以建立知识产权交易平台和服务体系,促进知识产权的转化和应用,帮助企业实现技术成果的市场价值。

除了上述措施外,政府还可以采取其他方式来鼓励企业增加技术创新和研发投入。例如:加强与企业的沟通与合作,了解企业的技术需求和困难,提供针对性的支持和解决方案;建设科技创新平台和孵化器,为企业提供技术转移、成果转化等服务;加强人才培养和引进,为企业提供高素质的技术人才和科研团队等。这些政策措施的实施需要政府、企业和社会各方的共同努力和配合。政府需要制定科学合理的政策并加大投入力度,同时加强监督和管理,确保政策的有效实施;企业需要积极响应政府的政策引导,增加对技术创新和研发的投入,提升自身的核心竞争力;社会各方需要支持和参与政府的政策实施,形成良好的创新氛围和发展环境。一是加强基础研究和技术预研,为企业的技术创新提供基础支撑;二是鼓励企业与高校、科研机构等进行产学研合作,促进科技成果的转化和应用;三是推动产业升级和转型,引导企业向高技术、高附加值领域发展;四是加强国际合作与交流,吸收国际先进技术和管理经验,提升我国企业的国际竞争力。技术创新和研发投入是提高生产率的重要途径之一。政府可以通过提供税收优惠、财政补贴等政策支持,加强知识产权保护等措施来鼓励企业增加对技术创新和研发的投入。

(三)优化市场竞争环境,防止市场垄断

市场竞争是推动生产率提高的重要动力之一。在竞争激烈的市场环境中,企业为了获得竞争优势和市场份额,会不断加大技术创新和研发的投入,提高生产效率和管理水平。政府可以加强反垄断执法,打破行业垄断和地区封锁。垄断行为会限制市场竞争,阻碍企业技术创新和生产率提升。政府通过加强反垄断执法,打击垄断行为,能够营造公平竞争的市场环境,激发企业的创新活力。例如,政府可以对涉嫌垄断的企业进行调查和处罚,限制垄断企业的市场份额和行为,鼓励更多的企业进入市场参与竞争。

政府可以降低市场准入门槛,鼓励更多的企业进入市场参与竞争。通过降低准入门槛,可以吸引更多的资本和企业进入市场,增加市场竞争的激烈程度。这样可以使现有企业面临更大的竞争压力,从而更加注重技术创新和生产率提升。例如,政府可以简化注册和审批流程,降低企业设立的成本和门槛;可以放宽对行业和市场准入的限制,鼓励中小企业和新兴产业的发展。政府机构对市场的干预和不当支持往往会扭曲市场竞争机制,影响企业的公平

竞争。例如,政府可以建立专门的公平竞争审查机构,负责对政府机构的政策措施进行审查;可以制定公平竞争的评估标准和方法,对政府机构的行为进行评估和监督。

政府还可以采取其他方式优化市场竞争环境。例如:加强产品质量监管,提高市场产品的整体质量水平;建立完善的市场监管体系,防止不正当竞争和欺诈行为;加强行业协会和中介机构的培育和管理,发挥其在市场中的作用等。优化市场竞争环境需要政府、企业和社会各方的共同努力和配合。政府需要制定科学合理的政策和法规,加强监管和管理;企业需要积极参与市场竞争,提高自身实力和竞争力;社会各方需要支持和监督政府的政策实施,加强舆论监督和社会监督。此外,为了更好地发挥市场竞争在提高生产率中的作用,政府还需要注重以下几点:一是加强法律法规建设,完善市场竞争的法律保障;二是推动国有企业改革,打破国有企业对市场的垄断地位;三是加强国际合作与交流,吸收国际先进的市场竞争经验和管理模式;四是提高市场信息透明度,加强市场信息的收集、整理和发布。市场竞争是推动生产率提高的重要动力之一。

(四)加强知识产权保护,激发创新活力

知识产权保护对于激发企业创新活力具有极其重要的作用。在一个竞争激烈的市场环境中,企业的创新成果是其核心竞争力的重要组成部分。只有当企业的创新成果得到充分保护,才能真正激发企业进行更多创新活动的积极性,推动技术进步和社会发展。

1. 政府应该加大知识产权的执法力度,严厉打击侵权行为。侵权行为的存在会严重损害企业的利益,打击其进行创新活动的信心和动力。因此,政府必须采取有效的执法措施,坚决打击任何形式的侵权行为,维护公平竞争的市场环境。例如,政府可以加强对知识产权侵权行为的调查和取证工作,加大处罚力度,提高侵权成本,形成对侵权行为的强大威慑力。同时,政府还应该加强对知识产权法律的宣传和教育,增强全社会的知识产权保护意识。

2. 政府需要完善知识产权的法律法规体系。随着科技的发展和市场竞争的加剧,知识产权保护的范围和难度也在不断加大。因此,政府需要不断完善知识产权法律法规体系,以适应时代发展的需要。例如,政府可以加强专利、商标、著作权等各类知识产权的立法工作,完善相关法律法规,提高法律的可操作性和执行力度。此外,政府还可以积极参与国际知识产权保护合作,吸收国际先进经验,提升我国知识产权保护水平。

3. 政府可以建立快速维权机制,为企业提供便捷高效的知识产权保护服

务。企业的创新成果一旦受到侵犯,快速维权的渠道和机制对于保护企业利益至关重要。政府可以设立专门的知识产权维权机构,提供快速响应、纠纷调解和维权援助等服务。此外,政府还可以推动知识产权的信息化、数字化建设,建立知识产权信息服务平台,方便企业进行知识产权的查询、申请和维权等工作。

(五)改善基础设施和公共服务,降低企业的运营成本

基础设施和公共服务是企业生产和经营活动的基础条件,对于提高生产率具有至关重要的作用。政府可以通过加大对基础设施建设的投入力度、优化公共服务体系、降低企业税费负担等措施,改善基础设施和公共服务,降低企业的运营成本,从而提高生产率。

政府可以加大对基础设施建设的投入力度,提高基础设施的质量和覆盖面。基础设施是企业生产经营的必要条件,包括交通、通信、能源、水利等方面。政府通过加大投资,加强基础设施建设,可以提高企业的生产效率和管理水平,降低物流成本和交易成本,为企业的发展创造更好的条件。例如,政府可以加强交通基础设施建设,提高物流效率;可以加强信息基础设施建设,提高企业的信息化水平;可以加强能源基础设施建设,保障企业的能源供应等。

政府可以优化公共服务体系,为企业提供高效便捷的服务支持。公共服务是企业生产经营的重要支撑,包括科技、教育、文化、卫生等方面。政府通过优化公共服务体系,可以提高企业的服务质量和效率,降低企业的服务成本,增强企业的市场竞争力。例如,政府可以加强科技服务体系建设,推动企业技术创新;可以加强教育服务体系建设,提高企业的人才素质;可以加强医疗卫生服务体系建设,保障企业员工的健康等。

政府可以降低企业的税费负担,减少企业的成本压力。税费是企业生产经营的重要成本之一,过高的税费负担会制约企业的发展和生产率的提高。政府可以通过减税降费等措施,降低企业的税费负担,激发企业的活力,提高生产率。例如,政府可以实施税收优惠政策,鼓励企业加大技术创新和研发投入;可以降低企业社保缴费率,减轻企业的社保负担等。

除了以上提到的措施外,政府还可以采取其他政策措施来提高生产率。例如:提供针对性的金融服务支持;完善产业政策体系;加强对外开放合作等。提供针对性的金融服务支持可以帮助企业解决融资难题。政府可以通过引导和鼓励金融机构加大对企业的信贷支持力度,创新金融产品和服务模式等方式来缓解企业的融资压力;同时可以通过建立和完善企业信用体系,加强信用监管和风险控制等措施来保障金融服务的可持续发展。完善产业政策体系可

以帮助企业把握市场机遇和应对风险挑战。政府可以根据国家发展规划和产业发展趋势制订一系列产业政策措施来引导和扶持企业的发展。例如制定产业转型升级计划鼓励企业加大技术改造和设备更新投入力度；制定产业扶持政策鼓励企业进入新兴产业领域等。加强对外开放合作可以帮助企业拓展国际市场和提升国际竞争力。政府可以通过加强国际贸易合作和投资促进活动等方式来帮助企业开拓国际市场和获取国际资源。同时可以通过加强国际交流与合作、积极参与国际标准和规则制定等方式来提升企业在国际市场的地位和话语权。

五、面临的挑战与未来研究方向

(一) 生产率测量的挑战与准确性提高

准确测量生产率的变化对于评估经济增长的质量和效率至关重要。然而，由于生产率是一个相对抽象的概念，其测量受到多种复杂因素的影响，如劳动力、资本、技术等方面的变化。这些因素不仅难以量化，而且它们之间的相互作用也使生产率的测量变得更加复杂。为了提高生产率测量的准确性，未来的研究需要建立更加科学、可靠的生产率测量指标和方法。这包括改进现有的统计方法，引入新的测量工具和技术，以及加强与相关领域的合作与交流。通过这些努力，可以更准确地反映生产率的变化趋势，为政策制定提供更有力的依据。

(二) 协调不同部门和地区间的生产率差异

不同部门和地区之间的生产率差异是经济发展中的普遍现象。这种差异可能会导致资源配置的不合理和市场的不均衡，从而影响整体的经济增长。因此，如何协调这些差异成为一大挑战。为了应对这一挑战，政策制定者需要深入研究和探讨如何制定科学、合理的政策措施。这包括加强跨部门、跨地区的合作与协调，促进资源共享和优势互补；推动产业结构优化升级，提高各部门的生产效率和质量；加强市场监管和调控，确保市场的公平竞争和资源的合理配置。这些措施可以逐步缩小不同部门和地区间的生产率差异，推动经济的均衡和可持续发展。

(三) 应对技术变革和经济全球化的影响

技术变革和经济全球化是当今世界经济发展的两大趋势。它们对生产率的影响越来越大，但也带来了一系列挑战。技术变革可以带来生产过程的自动化和智能化,提高生产效率和质量。然而,这也可能导致就业岗位的减少和收入差距的扩大。经济全球化使企业更加便捷地获取资源和市场,但也可能导致国内产业的空心化和经济发展的不平衡。为了应对这些挑战,需要从多个方面入手。首先,加强科技创新和人才培养,推动技术变革与经济发展的深度融合。通过提高劳动力素质和技能水平,促进就业岗位的创造和收入分配的合理化。其次,积极参与全球经济合作与竞争,推动经济全球化的健康发展。通过加强国际贸易和投资合作,拓展市场空间和资源来源;同时加强国内产业的自主创新能力和品牌建设,提升国际竞争力。最后,加强政策协调和监管力度,确保技术变革和经济全球化带来的机遇能够惠及更广泛的人群;同时防范和化解可能出现的风险和挑战。

第二节 技术进步对经济增长的影响

技术进步对经济增长的影响是当今经济学界和政策制定者关注的焦点问题之一。技术进步是推动经济增长的重要因素之一,它可以通过提高生产效率、提供新产品和新服务、降低生产成本等方式,促进经济的持续增长和发展。

一、技术进步对经济增长的贡献

技术进步对经济增长的贡献是显而易见的,它已经成为驱动全球经济持续增长的重要引擎。技术进步通过不断创新和改进生产方式,提高生产效率和产品质量,为企业带来了巨大的竞争优势,从而推动了经济的增长。

(一)技术进步可以显著提高生产效率

随着科技的日新月异,人类社会正经历着一场前所未有的变革。在这场变革中,自动化和智能化技术的迅猛发展尤为引人注目。它们如同一股不可阻挡的洪流,渗入各行各业的生产过程中,带来了翻天覆地的变化。在过去的时代里,许多行业的生产都依赖于大量的人工操作。工人们需要长时间地站在生产线上,重复着单调而繁重的工作。然而,随着自动化和智能化技术的引入,这种传统的生产方式正在被逐步取代。机器人和自动化设备如同不知疲倦的战士,接替了工人们的岗位,承担起了生产的重任。

1. 大幅度降低生产成本

在制造业中,这种变化尤为明显。如今,走进一家现代化的工厂,人们很难再看到昔日那种人头攒动、机器轰鸣的景象,取而代之的是一排排井然有序的机器人和自动化设备。它们在电脑的精确控制下,高效地完成着各种复杂的生产任务。无论是装配、涂漆还是质量检测,它们都能以极高的速度和精度完成,让人不禁为之惊叹。这种自动化和智能化的生产方式不仅大大提高了生产效率,还显著提升了产品的质量。机器人和自动化设备在生产过程中几乎不会受到人为因素的影响,因此能够保持极高的稳定性和一致性。这意味着每一件产品都能达到几乎相同的高品质标准,从而满足了现代消费者对品质的苛刻要求。

当然,自动化和智能化技术的广泛应用也给企业带来了巨大的经济效益。机器人和自动化设备可以 24 小时不间断地工作,而且不需要支付工资、福利等人工成本。此外,它们还能减少生产过程中的物料浪费和能源消耗,从而进一步降低生产成本。这些节约下来的成本最终都会转化为企业的利润,提高企业的盈利能力。

2. 自动化和智能化技术能帮助企业更好地应对市场变化

在现代社会,市场需求瞬息万变,企业要想在激烈的市场竞争中立足,就必须具备快速响应市场变化的能力。机器人和自动化设备具有极高的灵活性和可编程性,可以轻松应对各种不同类型的生产任务。这意味着企业可以在短时间内快速调整生产线,满足市场的不同需求,从而抓住稍纵即逝的市场机遇。

3. 自动化和智能化技术的广泛应用有助于推动整个社会的经济增长

随着生产成本的降低和企业盈利能力的提高,企业将有更多的资金投入研发和创新中,从而推动技术的不断进步和产品的持续创新。这将形成一个良性循环,促进整个社会的经济持续、健康、稳定地增长。自动化和智能化技术的广泛应用正深刻改变着各行各业的生产方式和经济格局。它们不仅提高了生产效率和质量,降低了生产成本,还为企业带来了巨大的经济效益和社会效益。在未来的日子里,随着科技的不断发展,自动化和智能化技术将在更多的领域大放异彩,为人类创造更加美好的未来。

(二)技术进步可以提供新产品和新服务

随着科技的不断发展,人类社会的面貌也在日新月异地变化着。科技如同一把钥匙,打开了未知世界的大门,也带来了前所未有的便捷和机遇。与此同时,人们的需求也在随着科技的进步而不断变化,越来越多样化和个性化。为了满足这些不断变化的需求,企业纷纷将目光投向了技术创新,希望通过技术的力量,研发出能够引领市场潮流的新产品和新服务。技术进步对于企业的意义,不仅仅在于提高了生产效率和降低了成本,更在于它能够帮助企业打破传统的束缚,提供全新的产品和服务。在互联网和人工智能技术的飞速发展下,已经出现了一系列令人眼花缭乱的创新成果。智能手机、智能家居、在线购物等新产品和新服务如雨后春笋般涌现,它们以前所未有的方式满足了人们的需求,也带来了巨大的商业价值。智能手机是科技进步的一个典型代表。它的出现彻底改变了人们的生活方式。如今,手机已经不仅仅是一个简单的通信工具,更是一个集娱乐、工作、学习等多种功能于一体的综合性平台。人们可以通过手机随时随地获取信息、交流思想、享受娱乐,这种便捷性是以前无法想象的。智能手机的普及也带动了整个移动互联网产业的发展,为经济的增长注入了新的活力。

智能家居是另一个值得关注的领域。随着人们生活水平的提高,对于居住环境的舒适性和便捷性要求也越来越高。智能家居系统将各种智能设备连接起来,实现了对家居环境的全面智能化管理。人们可以通过手机或者语音助手来控制家里的灯光、空调、窗帘等设备,让生活变得更加智能化和便捷。智能家居的发展不仅提高了人们的生活质量,也为相关产业带来了巨大的商机。

在线购物也是科技进步带来的一个重要变化。在过去,人们需要亲自去商场或者店铺购买商品,而现在,只需要在电脑或者手机上轻轻一点,就可以实现商品的购买和配送。在线购物不仅节省了人们的时间和精力,还提供了更多的选择和比价机会。对于商家来说,在线购物也扩大了他们的销售渠道,降低了运营成本,提高了盈利能力。

这些新产品和新服务的出现,不仅满足了人们的需求,也创造了巨大的商业价值。它们改变了人们的生活方式,提高了生活的便捷性和舒适性。同时,它们也为企业带来了新的增长点和竞争优势。在互联网和人工智能技术的持续推动下,未来还会有更多的创新产品和服务涌现出来,为人类社会的发展注入新的动力。科技的不断发展为人们带来了更多的便捷和机遇,也为企业提供了更多的创新空间。

(三)技术进步可以推动产业升级和转型

随着科技的不断发展,人类社会正经历着一场产业结构的深刻变革。在这场变革中,一些传统产业由于技术落后、效率低下等原因,逐渐失去了竞争优势,面临着生存和发展的困境,而一些新兴产业则凭借技术创新和市场需求,逐渐崛起,成为经济增长的新引擎。

面对这种形势,企业如何实现产业升级和转型,从低附加值向高附加值转变,成了亟待解决的问题。技术进步为企业提供了有力的支持,它可以帮助企业打破传统的生产模式,引入新的技术和设备,提高生产效率和产品质量,从而实现产业升级和转型。

新能源技术的发展就是一个典型的例子。随着环保意识的日益增强和能源资源的日益紧缺,新能源技术逐渐成了全球关注的焦点。太阳能、风能、生物质能等可再生能源的开发和利用,不仅可以减少对化石能源的依赖,降低碳排放,还可以为企业带来新的商机。

在新能源技术的推动下,可再生能源产业迅速崛起,成了一个新兴的产业领域。这个产业不仅涵盖了新能源设备的研发、生产和销售,还包括了新能源项目的投资、建设和运营。它吸引了大量的资金和人才投入,为经济增长提供了新的动力。

对于传统产业来说,新能源技术的发展也带来了新的发展机遇。一些传统产业可以通过引入新能源技术,实现生产过程的绿色化和低碳化,提高产品的环保性能和竞争力。例如,汽车产业可以引入新能源汽车技术,开发出电动汽车、混合动力汽车等新产品,满足市场对环保、节能的需求,从而实现产业的升级和转型。

除了新能源技术外,还有许多其他的技术进步也在推动着产业的升级和转型。例如,人工智能技术的发展为智能制造、智能家居等新兴产业提供了技术支持;生物技术的发展为生物医药、生物农业等产业带来了新的发展机遇;互联网技术的发展则推动了电子商务、云计算、大数据等产业的快速发展。

这些技术进步不仅改变了产业的结构和形态,也为企业提供了更多的创新空间和发展机遇。它们帮助企业打破了传统的生产模式,实现了从低附加值向高附加值的转变。这种转变不仅提高了企业的盈利能力和市场竞争力,也为整个社会的经济增长注入了新的活力。

(四)技术进步可以提高资源的利用效率

随着人口的增加和经济的发展,资源短缺问题已经成为制约经济增长的重要因素之一。技术进步可以帮助企业实现资源的高效利用,减少浪费和环境污染。例如,智能农业技术的应用可以实现精准农业,提高农产品产量和质量的同时减少资源浪费。这种资源利用效率的提高可以降低生产成本,提高经济效益,从而促进经济的增长。技术进步对经济增长的贡献是全方位的,它不仅可以提高生产效率、提供新产品和新服务、推动产业升级和转型、提高资源利用效率等,还可以促进创新驱动发展、提升人力资本质量等。因此,政府、企业和学术界应该加强合作,加大技术研发和创新投入力度,推动技术进步的发展,以更好地促进经济增长和社会进步。为了更好地发挥技术进步对经济增长的贡献作用,政府可以制定相关政策措施,如加大科技投入、鼓励企业创新、优化营商环境等;企业可以加强技术研发和创新、引进先进技术和设备、培养高素质人才等;学术界可以加强基础研究、推动产学研合作、培养创新型人才等。只有政府、企业和学术界共同努力,才能够更好地发挥技术进步对经济增长的贡献作用,实现经济的高质量发展和社会进步。

二、技术进步对经济增长的机制

(一)创新驱动机制

技术进步作为现代社会的火炬,不仅照亮了人类探索未知的道路,也在商业领域中点燃了一盏盏指引企业前行的明灯。在这个日新月异的时代,技术进步推动企业不断进行技术创新和产品创新,这些创新活动为企业注入了无穷的活力和竞争力,使企业在激烈的市场竞争中脱颖而出,形成新的竞争优势。

技术创新是企业发展的核心动力。随着科技的飞速发展,新的技术不断涌现,企业得到了更多的创新空间。企业通过引入新技术、优化生产流程、提高生产效率,不仅可以降低成本,还可以提高产品的质量和性能。这种技术创新使企业能够迅速适应市场变化,满足消费者的多样化需求,从而在市场中占据有利地位。

与技术创新相辅相成的是产品创新。产品创新是企业根据市场需求和技术发展趋势,开发出具有新功能、新性能、新外观的产品,以满足消费者的新需求。产品创新不仅可以为企业带来新的利润增长点,还可以巩固和拓展企业的市场份额。通过产品创新,企业可以打破市场现有的竞争格局,引领市场潮流,形成新的竞争优势。这种创新驱动机制对于企业的发展壮大具有重要意义。一方面,创新可以提高企业的核心竞争力。在激烈的市场竞争中,只有不断创新的企业才能立于不败之地。创新使企业能够不断推出新产品、新技术,满足市场的需求,从而在竞争中占据优势地位。另一方面,创新可以推动企业的业务拓展和多元化发展。随着技术的不断进步和市场的不断扩大,企业可以通过创新拓展新的业务领域,实现多元化发展,降低经营风险。

企业的不断壮大和创新驱动机制的形成会推动整个经济的增长。企业作为经济活动的基本单元,其创新活力和竞争力直接影响着整个经济的发展。一方面,企业的创新活动可以带动相关产业的发展。例如,一家企业的技术创新可以推动其上下游产业的技术进步和产品升级,形成产业链的良性发展。另一方面,企业的创新活动可以创造更多的就业机会和税收收入,为社会的经济发展做出贡献。此外,企业的创新活动还可以推动整个社会的科技进步和产业升级。企业的创新往往伴随着大量的研发投入和技术引进,这些活动不仅推动了企业自身的技术进步,也为整个社会的科技进步和产业升级提供了有力支持。通过这种创新驱动机制,企业和社会形成了一种良性的互动关系,共同推动着经济持续、健康、稳定地发展。技术进步可以推动企业不断进行技术创新和产品创新,形成新的竞争优势,提高市场占有率。这种创新驱动机制不仅促进了企业的不断壮大和发展,也为整个社会的经济增长注入了新的活力和动力。在未来的发展中,应该更加重视技术创新和产品创新的作用,为企业和社会的发展提供更多的支持和保障。

(二)产业结构优化机制

技术进步作为推动现代产业发展的核心力量,正在不断地引领着产业结构的优化升级。这一过程不仅仅是一个技术更新的过程,更是一个从低附加值向高附加值转变的质的飞跃。通过这种转变,产业的国际竞争力得到了显著提高,为整个经济的增长注入了新的活力。

在过去,许多产业都依赖于传统的生产模式和技术。这些生产模式和技术往往效率低下、附加值有限。然而,随着科技的不断发展,特别是智能制造、生物医药等高新技术产业的崛起,这种局面正在发生根本性的改变。

1. 大大提高生产效率和质量

智能制造作为现代制造业的代表,其核心技术包括人工智能、机器人技术、大数据分析等。通过这些技术的应用,智能制造能够实现生产过程的自动化、智能化和柔性化,大大提高生产效率和质量。同时,智能制造还可以根据市场需求进行个性化定制,满足消费者的多样化需求。这种高效、灵活、个性化的生产模式,使智能制造产业具有很高的附加值和市场竞争力。生物医药产业是另一个具有高附加值的产业。随着生物技术的不断发展,生物医药产业已经成为全球范围内最具活力和潜力的产业之一。生物医药产业涵盖了新药研发、医疗器械制造、医疗服务等多个领域,这些领域都是高技术、高附加值的领域。生物医药产业的发展不仅可以提高人类的健康水平和生活质量,还可以为经济增长提供新的动力。

2. 带动其他相关产业的发展

这些高新技术产业的发展,不仅自身具有很高的附加值和市场竞争力,还可以带动其他相关产业的发展。例如,智能制造产业的发展可以带动机械制造、电子信息等相关产业的发展;生物医药产业的发展可以带动化工、农业等相关产业的发展。这种产业发展的连锁效应,可以使整个经济的产业结构得到优化升级。产业结构的优化升级对于提高产业的国际竞争力具有重要意义。随着全球化的不断深入,国际竞争已经不仅仅局限于产品和服务的竞争,更包括产业结构和产业链的竞争。一个具有高附加值的产业结构,意味着该产业在国际市场上具有更高的议价能力和更强的抗风险能力。通过这种优化升级,产业的国际竞争力得到了显著提升。

3. 推动产业的绿色化、低碳化发展

随着环保意识的不断提高,绿色、低碳已经成为全球产业的发展趋势。引入新的环保技术和设备,实现生产过程的绿色化和低碳化,不仅可以降低产业的环境污染和碳排放,还可以提高产业的社会责任感和可持续发展能力。技术进步可以推动产业结构的优化升级,从低附加值向高附加值转变,提高产业的国际竞争力。这种转变不仅可以为经济增长注入新的活力,还可以提高人类的生活质量和社会的可持续发展能力。在未来的发展中,应该更加重视技术进步的作用,为产业的优化升级和经济的持续增长提供更多的支持和保障。

(三)人力资本提升机制

1. 技术进步是现代社会发展的核心驱动力

技术进步作为现代社会发展的核心驱动力,其影响范围已经远远超越了单纯的技术领域,深入到了人才培养和人力资本积累的层面。技术进步为教育领域带来了革命性的变革。传统的教育模式往往受限于时间、空间和资源,而现代技术的发展为教育提供了更加广阔的平台和更加丰富的资源。在线教育、远程教育、虚拟现实教育等新兴教育模式的出现,使学习不再受地域和时间的限制,让更多人有机会接受高质量的教育。同时,人工智能、大数据分析等技术的应用,使教育更加个性化和精准化,能够更好地满足人们的需求,提升教育效果。技术进步为人才培养提供了更加多样化的途径。在过去,人才培养往往依赖于学校教育和职业培训,而现代技术的发展为人才培养提供了更加多元化的选择。例如,社交媒体、在线课程、开源项目等平台,为人们提供了展示才能、交流学习的机会,使人才培养不再局限于传统的教育机构。这种多元化的培养途径,不仅能够激发人们的创造力和创新精神,还能够培养更多具备跨界思维和解决复杂问题能力的高素质人才。技术进步促进了知识的更新和扩散。在快速发展的现代社会中,知识更新的速度越来越快,新的技术、新的理论、新的方法不断涌现。技术进步为人们提供了更加便捷的知识获取途径,如搜索引擎、学术数据库、专业网站等,人们可以更加快速地获取最新的知识和信息。这种知识的快速更新和扩散,对于提升人力资本的质量和水平,培养具备前沿知识和技能的高素质人才具有重要意义。

2. 推动经济增长

高素质人才是推动经济增长的重要因素之一。他们具备丰富的知识、创新的思维、解决问题的能力以及良好的团队协作能力,能够为企业带来更多的创新和价值。在竞争激烈的市场环境中,高素质人才是企业获取竞争优势的关键。他们不仅能够推动企业的技术创新和产品创新,还能够提升企业的管理水平和运营效率,为企业创造更多的市场机会和利润空间。

3. 对于推动整个社会的经济发展具有重要作用

高素质人才对于推动整个社会的经济发展具有重要作用。他们通过创新和创业活动,能够推动产业结构的优化升级和新兴产业的发展,为经济增长注入新的活力和动力。此外,高素质人才还能够通过知识传播和人才培养活动,提升整个社会的知识水平和创新能力,为经济的持续增长奠定坚实的基础。高素质人才是推动经济增长的重要因素之一,他们能够为企业和社会带来更多的创新和价值。在未来的发展中,应该更加重视技术进步在人才培养方面的作用,为培养更多具备前沿知识和技能的高素质人才提供更多的支持和保障。

(四)资源高效利用机制

1. 为企业带来显著的经济效益

技术进步作为当今社会发展的强大引擎,正在以前所未有的速度改变着世界。其中,技术进步对资源利用方式的影响尤为深远。创新和技术应用不仅可以实现资源的高效利用,减少浪费和环境污染,还能为企业带来显著的经济效益,进一步推动可持续发展的实现。

在传统的生产模式中,资源的利用往往较为粗放,浪费现象严重。受技术水平的限制,许多企业在生产过程中无法精确控制资源的消耗,导致大量的原材料、能源和水资源被无谓地浪费。同时,这些企业在处理废弃物和污染物方面也缺乏有效的技术手段,给环境带来了沉重的负担。然而,随着技术的进步和创新,这种情况正在发生根本性的改变。新的技术、工艺和设备的引入,使企业能够对资源更加精准、高效地利用。例如,智能制造和自动化技术的应用,可以大大提高生产过程的精确性和效率,减少原材料的浪费;节能技术和新能源的开发利用,则可以显著降低能源消耗,减轻对环境的压力。

2. 促进向循环经济模式的转变

传统的线性经济模式强调资源的开采、利用和废弃,而技术进步则促进了向循环经济模式的转变。循环经济强调资源的循环利用和废弃物的再生利用,通过技术创新和工艺改进,实现资源的高效利用和环境的保护。例如,废弃物资源化技术的应用,可以将原本被视为废物的材料转化为有价值的资源,再次投入到生产过程中,实现资源的循环利用。

对于企业而言,高效利用资源不仅可以降低生产成本,提高经济效益,还能增强企业的竞争力。在资源日益紧缺的今天,能够高效利用资源的企业将在市场竞争中占据优势地位。同时,高效利用资源也有助于企业树立良好的社会形象,提升品牌价值,从而获得更多的市场机会和合作伙伴。技术进步推动资源的高效利用对于实现可持续发展具有重要意义。可持续发展强调在满足当前需求的同时,不损害未来世代的需求。通过技术进步实现资源的高效利用,可以降低对自然资源的消耗,减少对环境的破坏和污染,从而保护生态环境和自然资源,为子孙后代留下一个更加美好的家园。

3. 推动社会的整体进步和发展

技术进步还有助于推动社会的整体进步和发展。高效利用资源可以降低社会整体的生产成本,提高经济效益,从而推动社会的繁荣和进步。此外,技术进步还能带来新的经济增长点和就业机会,为社会的发展注入新的活力和动力。

第三节 人力资本对经济增长的贡献

在现代经济增长理论中,人力资本被视为推动经济发展的关键因素之一。特别是在知识经济时代,人力资本的重要性日益凸显。泛珠三角区域作为我国重要的经济区域,其经济增长同样离不开人力资本的支撑。

一、人力资本的定义与构成

人力资本是指凝结在劳动者身上的知识、技能、健康等因素的总和,它代表了劳动者的综合素质和能力。与物质资本相比,人力资本具有更大的增值潜力和更高的回报率。人力资本的构成包括教育、培训、健康等多个方面,其中教育是形成人力资本的主要途径。

在泛珠三角区域,各省域在人力资本积累方面存在显著的差异。一些省域注重教育事业的发展,投入大量资源用于提高劳动者的知识水平和技能素质;而另一些省域则可能在人力资本积累方面相对滞后。这种差异在一定程度上影响了各省域的经济增长速度和质量。

在现代经济社会中,人力资本作为一种重要的经济资源,已经越来越受到人们的关注和重视。它不仅是推动经济增长的关键因素,也是提高国家竞争力和实现可持续发展的重要基础。人力资本是指凝结在劳动者身上的知识、技能、经验和健康等非物质资本的总和。它是一种以人为载体,通过教育、培训、实践等方式形成的,能够带来未来收益的资本形式。与物质资本相比,人力资本具有更高的增值潜力和更大的回报空间。它不仅能够提高劳动者的生产效率和工作能力,还能够促进技术创新和产业升级,从而推动经济增长和社会进步。人力资本的形成是一个长期而复杂的过程,需要投入大量的时间、金钱和精力。一般来说,人力资本的形成主要通过以下几种途径:一是教育投资,包括基础教育、职业教育和高等教育等各个阶段的教育投入;二是培训投资,包括在职培训、技能培训和专业培训等各种形式的培训投入;三是健康投资,包括医疗保健、营养保健和体育锻炼等方面的投入;四是迁移投资,包括劳动力迁移和信息迁移等方面的投入。这些投入都是为了提高劳动者的知识、技能、经验和健康水平,从而增加其人力资本存量。

二、人力资本对经济增长的作用机制

人力资本作为现代经济增长的核心要素,其对经济增长的作用机制复杂而深远。它不仅仅是劳动力数量的简单堆砌,更是劳动力质量的全面提升,通过提高劳动生产率、促进技术创新和优化产业结构等多种途径,推动经济增长方式的转变和增长动力的增强。

(一)人力资本通过提高劳动生产率来促进经济增长

劳动生产率是衡量一个国家或地区经济增长效率的重要指标,它反映了一定时期内劳动者创造的价值与相应劳动消耗之间的比例关系。人力资本的提升意味着劳动者在知识、技能、经验和健康等方面的综合素质得到了提高,这使他们能够更加熟练地掌握各种生产工具和技术,更加有效地利用生产资源,从而提高劳动生产率。高劳动生产率意味着在相同的时间内可以生产更多的产品,创造更多的价值,从而推动经济增长。

(二)人力资本是技术创新的重要源泉

技术创新是现代经济增长的重要驱动力之一,它能够提高生产效率、降低生产成本、开发新产品和新市场,从而为企业创造更多的竞争优势和利润空间。而人力资本作为技术创新的主体和载体，其素质的高低直接影响着技术创新的能力和效果。一方面，高素质的人力资本具备更强的创新意识和创新能力，能够更加敏锐地捕捉市场机遇和技术动态，更加有效地进行技术研发和创新实践。另一方面，人力资本的提升还能够促进技术扩散和知识溢出，使新技术和新知识能够在更广的范围内得到应用和推广，从而推动整个行业或地区的技术进步和产业升级。

（三）人力资本通过优化产业结构来推动经济增长

产业结构是指一个国家或地区各产业之间的比例关系和相互联系，它决定了经济增长的质量和效益。在这个过程中，人力资本的积累和提升起着至关重要的作用。一方面，人力资本的提升可以促进劳动力从低效率、低附加值的产业向高效率、高附加值的产业转移，从而推动产业结构的优化和升级。另一方面，人力资本还可以通过影响消费需求、投资需求和技术进步等因素来引导产业结构的发展方向。例如，随着人们收入水平的提高和消费观念的转变，一些高技术、高附加值的产品和服务将逐渐成为消费热点和市场主导，这将进一步推动产业结构向更高层次演进。

人力资本还通过影响其他生产要素的利用效率来间接促进经济增长。例如，人力资本的提升可以提高物质资本的利用效率和使用寿命，降低单位产出的物质消耗和环境污染；同时，人力资本还可以促进信息资本的传播和利用，提高信息资源的共享程度和利用效率。这些间接作用将进一步放大人力资本对经济增长的贡献。

人力资本对经济增长的作用机制是多方面的、综合性的。它通过提高劳动生产率、促进技术创新和优化产业结构等多种途径来推动经济增长方式的转变和增长动力的增强。在未来的发展中，随着知识经济的深入发展和产业结构的持续升级，人力资本在经济增长中的作用将更加凸显。因此，应该更加重视人力资本的积累和投资，为经济社会的可持续发展提供有力的人才保障和智力支持。

三、泛珠三角区域人力资本对经济增长的贡献实证分析

（一）泛珠三角区域人力资本对经济增长分析

近年来，随着知识经济的兴起和产业结构的升级，人力资本在泛珠三角区域经济增长中的作用日益凸显。为了更加深入地了解人力资本对泛珠三角区域经济增长的贡献，本书将从实证分析的角度进行探讨。

选取泛珠三角区域各省域的经济增长数据和人力资本相关数据作为研究样本。这些数据包括了各省域的 GDP 增长率、人均受教育年限、研发投入强度、健康水平等多个方面的指标,以全面反映人力资本与经济增长之间的关系。我们通过构建计量经济模型,对人力资本与经济增长之间的关系进行了回归分析。在模型中,我们将经济增长作为因变量,将人力资本相关指标作为自变量,同时控制了其他可能影响经济增长的因素,如物质资本投入、劳动力数量等。通过回归分析,我们可以得到人力资本对经济增长的弹性系数,从而量化人力资本对经济增长的贡献程度。结果表明,人力资本对泛珠三角区域经济增长具有显著的正向影响。具体来说,教育水平的提高、研发投入的增加以及健康状况的改善等因素都有助于推动经济增长。其中,教育水平对经济增长的贡献最为显著,这说明教育是提高劳动者素质和技能的重要途径,也是推动经济增长的关键因素之一。研发投入的增加则可以促进技术创新和产业升级,从而提高经济增长的质量和效益。而健康状况的改善则有助于提高劳动者的生产效率和创造力,进一步推动经济增长。一些省域由于注重人力资本积累,其经济增长速度和质量相对较高;而另一些省域则可能需要加强在人力资本方面的投入。这说明人力资本对经济增长的贡献受到地区经济发展水平、教育资源配置、科技创新能力等多种因素的影响。

(二)验证人力资本对经济增长的贡献(采用其他方法进行实证分析)

通过计算人力资本存量和经济增长率之间的相关系数,我们发现二者之间存在显著的正相关关系。这说明人力资本存量的增加确实有助于推动经济增长。同时,我们还采用了时间序列分析方法,对人力资本与经济增长之间的动态关系进行了研究。结果表明,人力资本与经济增长之间存在长期稳定的均衡关系,且人力资本对经济增长的影响具有一定的滞后效应。

通过实证分析我们可以得出以下结论:人力资本对泛珠三角区域经济增长具有显著的贡献。教育水平、研发投入和健康状况等人力资本相关指标的提高都有助于推动经济增长。因此,为了充分发挥人力资本在经济增长中的作用,泛珠三角区域各省域应注重人力资本积累和投资,加强教育、科技、卫生等领域的投入和改革,提高劳动者的素质和技能水平,促进技术创新和产业升级。同时,还应加强区域合作和协调发展,共同推动泛珠三角区域经济的繁荣与进步。

人力资本对泛珠三角区域经济增长具有显著的贡献。为了推动经济增长,泛珠三角区域各省域应注重人力资本积累,加大教育投入、加强技能培训、改善健康状况并优化人才结构。随着科技的快速发展和产业结构的不断升级,人力资本在经济增长中的作用将更加重要。因此,泛珠三角区域各省域应继续加强在人力资本方面的投入和积累,为经济增长提供持续的动力。

第四章　我国经济增长要素效率的综合性影响因素研究

第一节　我国省域经济增长要素效率影响因素分析

一、要素效率的概念与度量

要素效率这一概念在经济学中扮演着举足轻重的角色。简而言之,它指的是生产过程中各种生产要素的投入与产出之间的比率,是衡量经济增长质量和发展效益的重要指标。在现代经济社会,随着科技的飞速发展和经济全球化的深入推进,要素效率的提升已经成为各国竞相追求的目标。在经济增长理论中,生产要素被划分为几个主要方面,包括资本、劳动力和技术等。资本是指用于生产的货币、设备、厂房等各种物质资源;劳动力则是指参与生产过程的劳动者及其所具备的技能和知识;技术则涵盖了生产工艺、管理方法、研发创新等多个层面。这些生产要素在经济增长中发挥着不可或缺的作用,而要素效率的高低则直接决定了经济增长的速度和质量。

(一)生产要素的配置效率至关重要

在市场经济条件下,生产要素的配置应该遵循市场化的原则,通过价格机制、竞争机制等实现资源的优化配置。当资本、劳动力等生产要素能够自由流动,并流向效益更高的部门和行业时,整体经济的要素效率就会得到提升。生产要素的使用效率也是影响要素效率的关键因素。在使用生产要素的过程中,如果存在浪费、闲置或低效使用的情况,那么要素效率就会受到损害。因此,提高生产要素的使用效率,减少浪费和闲置,是提高要素效率的重要途径。

(二)技术进步对要素效率的提升具有决定性作用

随着科技的发展和创新成果的不断涌现,新的生产工艺、管理方法和设备不断被应用到生产过程中,可以大幅提高生产效率和质量。技术进步不仅可以提高单个生产要素的效率,还可以促进生产要素之间的协同作用,从而提升整体经济的要素效率。在实际度量中,我们通常采用全要素生产率(TFP)等指标来衡量要素效率的水平。TFP是一种综合性的指标,它反映了在一定时期内总产出与综合要素投入之间的比率关系。通过计算TFP,可以了解生产过程中各种生产要素的总体效率情况,从而判断经济增长的质量和效益。要素效率的提升并不是一蹴而就的过程,而是需要长期的努力和实践。政府、企业和社会各界都应该积极参与到提升要素效率的行动中来。政府应该加强宏观调控和政策引导,为企业创造良好的发展环境;企业应该加大科技创新和人才培养的投入力度,提高自身竞争力;社会各界则应该加强宣传教育和舆论监督,形成全社会共同关注要素效率、共同推动经济增长的良好氛围。要素效率作为衡量经济增长质量和发展效益的重要指标,在现代经济社会中具有举足轻重的地位。应该充分认识到提升要素效率的重要性和紧迫性,采取有效措施推动经济增长方式的转变和经济发展质量的提升。

二、影响要素效率的因素分析

(一)制度因素

在现代经济增长理论中,制度被赋予了前所未有的重要性。它不再仅仅是一个背景或框架,而是成为决定经济增长质量和效率的关键因素之一。特别是在我国这样的转型经济体中,制度变革对于释放生产力、提高要素效率具有不可替代的作用。制度为生产要素的自由流动和有效配置提供了基础保障。在一个制度不健全的环境中,生产要素往往受到各种人为限制和扭曲,无法按照市场规律自由流动。这不仅导致了资源的浪费和错配,还抑制了生产效率的提升。相反,一个良好的制度环境能够打破这些障碍,使生产要素能够根据市场需求自由流动,实现最优配置。这种自由流动和有效配置不仅提高了单个生产要素的效率,还通过要素之间的协同作用,提升了整体生产效率。

制度能够降低交易成本和信息不对称程度。在市场中,交易双方往往需要花费大量的时间和精力去搜寻信息、谈判和签订合同等,这些活动都涉及交易成本。同时,由于信息不对称的存在,交易双方可能面临欺诈和违约的风险。一个完善的制度环境能够通过提供公开透明的信息、建立有效的监管机制和强化合同执行力度等手段,降低交易成本和信息不对称程度。这不仅有利于提高市场的运行效率,还能够增强交易双方的信任度,促进长期合作和共赢。以产权保护制度为例,它对于激励创新者和投资者进行长期投资和技术创新具有至关重要的作用。在一个产权保护不力的环境中,创新者和投资者的成果和收益很容易受到侵犯和掠夺,这无疑会抑制他们的积极性和创造性。相反,一个完善的产权保护制度能够确保创新者和投资者对其成果和收益拥有明确的产权和收益权,从而激发他们的创新热情和投资动力。这不仅有利于推动技术进步和产业升级,还能够吸引更多的外部资金和人才流入,形成良性循环。

劳动力市场制度在促进劳动力的自由流动和合理配置方面也发挥着重要作用。在一个劳动力市场僵化的环境中,劳动力往往被束缚在特定的地域和行业,无法实现最优配置。这不仅导致了人力资源的浪费和错配,还抑制了劳动力的生产效率。相反,一个灵活的劳动力市场制度能够打破这些束缚,使劳动力能够根据市场需求自由流动,实现最优配置。这不仅有利于提高劳动力的生产效率,还能够通过劳动力的流动和竞争,推动工资水平的合理化和人力资本的提升。制度是影响要素效率的重要因素之一。它通过保障生产要素的自由流动和有效配置、降低交易成本和信息不对称程度等途径,提高了要素效率。因此,在推动经济增长的过程中,我们必须重视制度建设和完善,为生产要素的自由流动和有效配置创造良好的制度环境。

(二)技术因素

在探讨经济增长的诸多要素中,技术进步无疑是一个核心且持续的动力源泉。它不仅深刻地改变了生产方式、经济结构和市场格局,更重要的是,技术进步为提高生产要素的效率提供了强大的支撑。特别是在全球化、信息化和智能化的时代背景下,技术进步对于经济增长的贡献越发显著。

技术进步能够改变生产要素的组合方式和生产过程。在传统的生产方式下,生产要素的组合往往受到技术水平的限制,导致资源利用不充分、生产效率低下。而随着新技术的不断涌现和应用,生产要素的组合方式得以优化,生产过程也变得更加高效和灵活。例如,信息技术的快速发展使数据成为一种新的生产要素,与资本、劳动力等传统要素相结合,催生了新的产业模式和商业模式。这种组合方式的变革不仅提高了生产要素的边际产出,还通过协同效应提升了总体效率。技术进步通过优化生产过程和提高产品质量来降低生产成本和能耗。在传统制造业中,生产过程往往伴随着大量的物料消耗和能源消耗,导致生产成本居高不下。而先进制造技术的应用则能够有效地解决这一问题。例如,通过引入自动化生产线和智能制造系统,企业可以实现生产过程的精准控制和资源优化利用,从而降低物料和能源的消耗。同时,新技术还能够提高产品的精度和可靠性,减少废品率和维修成本,进一步降低生产成本。这种降耗提效的过程不仅提升了企业的竞争力,还为整个社会的可持续发展奠定了基础。信息技术的广泛应用在降低信息传递和处理成本方面发挥了重要作用。在信息时代,信息已经成为一种重要的生产要素和战略资源。

然而,信息的获取、传递和处理往往伴随着高昂的成本和风险。信息技术的快速发展则有效地解决了这一问题。通过互联网、云计算、大数据等技术的应用,信息可以更加快速、准确地传递和处理,降低了信息传递和处理成本。这不仅提高了企业的管理效率和市场响应速度,还为消费者提供了更加便捷、个性化的产品和服务。

(三) 结构因素

在经济增长的宏大画卷中,产业结构犹如一幅精心构思的蓝图,其布局和比例直接关乎经济增长的质量和效率。产业结构,简而言之,是指一个国家或地区各产业之间的比例关系及其相互联系。而一个合理的产业结构,不仅能够充分发挥各产业的比较优势和协同效应,更能够优化生产要素的配置,从而提高使用效率,为经济增长注入强劲动力。

合理的产业结构意味着资源的高效利用。在一个国家或地区的经济体系中,资源总是有限的。如何将有限的资源分配到各个产业中,使每个产业都能获得其所需的资源,并且能够高效地利用这些资源,这是产业结构优化的核心问题。当一个国家或地区的产业结构与其资源禀赋相匹配时,资源就能够被更加合理地配置到各个产业中,从而提高整体的生产效率。产业结构的优化有助于发挥各产业的比较优势。比较优势是指一个国家或地区在生产某种产品时所具有的优势,这种优势可能来源于自然资源、技术、劳动力等方面。在一个合理的产业结构中,每个产业都能够根据其自身的比较优势来确定其在整个经济体系中的地位和作用。这样一来,每个产业都能够专注于其擅长的领域,通过专业化生产来提高生产效率和质量。

以高新技术产业和服务业为例,这两大产业是当前经济发展的重要引擎。高新技术产业以其高度的技术含量和创新性为特征,能够吸引大量的高素质人才和创新资源。这些人才和资源的聚集进一步推动了技术创新和产业升级,使高新技术产业成为经济增长的重要动力。而服务业则以其广泛的覆盖面和强大的就业吸纳能力为特点,为经济增长提供了稳定的基础。服务业的发展不仅能够满足人们日益增长的消费需求,还能够通过提供各种生产性服务来支持其他产业的发展。传统产业的改造和升级也是提高要素效率的重要途径。传统产业通常是指那些以传统技术为基础、产品附加值较低的产业。在经济发展过程中,这些产业可能会面临技术落后、市场竞争力下降等问题。这不仅有助于提升传统产业自身的竞争力,还能够为经济增长注入新的活力。产业结构是影响要素效率的另一个重要因素。通过优化产业结构,我们可以更加合理地配置资源、发挥各产业的比较优势、推动技术创新和产业升级以及提高传统生产要素的使用效率和附加值。在未来的经济发展中，我们应继续深化对产业结构的调整和优化，努力构建一个更加高效、协同、创新的产业体系。

（四）教育因素

1. 教育水平是衡量文明程度与提升劳动力效率的关键

在经济增长和社会发展的宏大画卷中，教育水平的重要性如同熠熠生辉的明珠，不容忽视。它不仅是衡量一个国家或地区文明程度的重要标志，更是影响劳动力要素效率的关键因素之一。教育，作为人类传承知识、培养技能、提升素质的重要途径，对于提高劳动力的生产效率和创新能力具有深远的意义。

教育水平的高低直接决定了一个国家或地区的知识储备和人才质量，进而影响了其文明程度。一个教育水平较高的国家或地区，其国民往往具备较高的文化素养、科学素养和道德素养，这些素养共同构成了一个国家或地区的文明底蕴。这种文明底蕴不仅能够提升国民的整体素质，还能够促进社会的和谐稳定，为经济增长和社会发展提供良好的社会环境。同时，教育也是提高劳动力要素效率的关键。在现代经济体系中，知识和技能已经成为劳动力不可或缺的核心要素。随着科技的快速发展和产业结构的不断升级，对劳动者的知识水平和技能要求也越来越高。通过系统的教育培训，劳动者可以掌握更加先进、专业的知识和技能，从而更加适应现代经济发展的需求。这种知识和技能的提升不仅使劳动者在就业市场上更具竞争力，还能够在实际工作中发挥出更高的生产效率。

此外，教育还能够培养劳动者的创新思维和创新能力。在知识经济时代，创新已经成为推动经济增长和社会发展的重要动力。通过教育，劳动者可以接触到最新的科技成果和思想理念，从而激发其创新思维和创新能力。这种创新能力的提升不仅可以推动劳动者个人职业生涯的发展，还可以为企业乃至整个社会的经济增长和社会发展注入新的活力。

2. 教育在提升劳动者知识、技能与综合素质中的作用

教育在提升劳动者知识、技能方面发挥着不可替代的作用。在现代社会，知识更新的速度日益加快，新技能、新工艺层出不穷。劳动者要想跟上时代的步伐，就必须不断地学习和接受培训来更新自己的知识和技能。教育系统提供了这样的平台，使劳动者能够获取最新的知识和技能，从而保持其在职场上的竞争力。

除了专业知识和技能外,劳动者的综合素质也是影响其工作效率的重要因素。综合素质包括沟通能力、团队协作能力、创新能力等多个方面。这些能力对于劳动者在工作中的表现有着至关重要的影响。例如,良好的沟通能力可以帮助劳动者更好地与同事和客户进行交流,减少误解和冲突;团队协作能力则可以使劳动者更好地融入团队,与团队成员共同协作完成任务;而创新能力则可以帮助劳动者在工作中提出新的想法和解决方案,从而提高工作效率和质量。教育在提升劳动者综合素质方面同样发挥着重要作用。通过教育,劳动者可以培养出更加健全的人格、更加丰富的情感体验和更加广阔的视野。这些素质的提升使劳动者在工作中能够更好地与人沟通协作、更快地适应新环境和新挑战。同时,教育还能够培养劳动者的道德观念和社会责任感,使其在工作中更加注重职业道德和社会公德,从而为社会的和谐稳定做出贡献。

3. 教育在促进经济增长与社会发展中的长远影响

教育对于经济增长和社会发展的长远影响主要体现在两个方面:一是通过提高劳动力素质来推动产业升级和经济结构优化;二是通过培养创新人才来推动科技进步和社会创新。

(1)教育通过提高劳动力素质来推动产业升级和经济结构优化

随着经济的蓬勃发展和产业结构的不断优化升级,现代社会对高素质劳动力的渴求日益凸显。而教育作为人才培养的摇篮,在这一进程中扮演着举足轻重的角色。通过系统的教育培训,我们能够精心培育出一大批既具备高素质,又掌握高技能的劳动力大军。他们的涌现,不仅为产业升级和经济结构优化提供了坚实的人才支撑,更在生产效率提升、产品质量飞跃以及企业技术创新、管理创新方面发挥着不可或缺的重要作用。在他们的带动下,整个产业的竞争力得以显著提升,为经济的持续健康发展注入了强劲动力。

(2)教育通过培养创新人才来推动科技进步和社会创新。创新是推动社会进步和发展的重要动力,而创新人才的培养离不开教育。教育可以激发劳动者的创新思维和创新能力,培养出一大批具备创新精神和实践能力的创新人才。这些创新人才不仅可以在科技领域取得重大突破和创新成果,还可以将创新理念和创新精神应用到各个领域,推动社会的全面进步和发展。教育水平在经济增长和社会发展中具有举足轻重的地位。提高教育水平不仅可以提升劳动者的知识、技能和综合素质,还可以推动产业升级、经济结构优化以及科技进步和社会创新。因此,各国和地区都应该高度重视教育事业的发展,将其作为国家或地区发展战略的重要组成部分,为经济增长和社会发展提供有力的人才保障和智力支持。

第二节　我国经济增长要素效率影响因素的实证分析

一、模型构建与数据选取

这一模型不仅需要对经济增长理论和要素效率理论有深入的理解，还需要紧密结合我国经济的实际情况，确保其实用性和针对性。在构建模型的过程中，经济增长理论提供了基本的分析框架。根据经济增长理论，资本投入、劳动力投入、技术进步、产业结构以及教育水平是影响经济增长的重要因素。这些因素在经济增长的过程中发挥着不同的作用，共同推动着经济的增长。

1. 资本投入是经济增长的物质基础

资本投入是经济增长的物质基础，它为生产提供了必要的设备和设施。在我国，资本投入的增加一直是推动经济增长的重要动力之一。然而，随着资本存量的增加，其边际效益逐渐递减，这就需要通过提高资本的使用效率来进一步推动经济增长。劳动力投入是经济增长的另一基本要素。在我国的经济发展过程中，丰富的劳动力资源一直是其重要的竞争优势。然而，随着人口红利的逐渐消失，劳动力成本不断上升，如何提高劳动力的生产效率成了一个亟待解决的问题。

2. 技术进步是提高要素效率的重要途径之一

技术进步是提高要素效率的重要途径之一。技术进步可以改进生产工艺、提高产品质量、降低生产成本，从而提高要素的使用效率。在我国，随着科技创新的不断推进，技术进步对经济增长的贡献日益显著。产业结构是影响要素效率的另一个重要因素。在我国，随着经济的转型升级，产业结构的优化升级成了一个重要的政策目标。

3. 教育水平是影响劳动力要素效率的关键因素之一

教育水平的提高能够提升劳动者的知识、技能和综合素质，使其更加适应现代经济发展的需求，提高劳动力的生产效率和创新能力。在我国，随着教育普及程度的不断提高，教育对经济增长的贡献也逐渐显现出来。为了确保模型的准确性和可靠性，选择合适的数据来源至关重要。在数据选取方面，我们应尽可能覆盖较长的时间跨度和较广的地域范围，以提高实证分析的代表性和说服力。同时，还需要对数据进行严格的筛选和处理，确保数据的真实性和准确性。

为了更准确地衡量要素效率的提升，还将引入全要素生产率（TFP）作为衡量指标。全要素生产率是一个综合性的指标,它反映了除资本和劳动力投入之外的所有其他因素对经济增长的贡献。通过引入全要素生产率,我们可以更加全面地评估各因素对经济增长的影响,从而得出更加准确的结论。在模型的构建过程中,我们需要综合考虑经济增长理论、要素效率理论以及我国经济的实际情况,确保模型的实用性和针对性。同时,选择合适的数据来源和引入全要素生产率作为衡量指标也是提高实证分析准确性和可靠性的重要保障。

二、实证分析过程

(一)资本投入与劳动力投入的影响

资本投入和劳动力投入作为经济增长的基本要素,在推动经济增长方面发挥了不可或缺的作用。通过实证分析,我们可以清晰地看到资本投入和劳动力投入的增加对经济增长所产生的显著推动作用。

资本投入的增加为经济增长提供了必要的物质基础。在现代经济中,无论是制造业、服务业还是农业,都需要大量的资本投入来购置设备、建设基础设施以及研发新技术等。这些资本投入不仅直接增加了总需求,还通过改善生产条件和提高生产效率间接推动了经济增长。改革开放以来,大量的资本投入为经济高速增长提供了强有力的支撑。

劳动力投入的增加也为经济增长注入了活力。人口红利使我国在过去几十年中享受了劳动力资源丰富的优势。大量的劳动力投入为各产业提供了充足的劳动力供给,推动了产业规模的扩大和产出的增加。同时,劳动力的流动和配置也进一步优化了产业结构,提高了经济增长的质量和效益。当资本和劳动力的投入达到一定程度后,其边际效益会逐渐递减。这是因为,一方面,随着资本存量的增加,资本的边际产出会逐渐下降;另一方面,随着劳动力数量的增加,劳动力市场的供求关系也会发生变化,劳动力的边际产出同样会下降。在这种情况下,单纯依靠增加资本和劳动力的投入来推动经济增长已经难以为继。这时,提高要素效率就显得尤为重要。提高资本和劳动力的使用效率可以进一步挖掘生产要素的潜力,推动经济增长向更高水平迈进。

提高资本效率可以通过优化投资结构、提高投资效益以及加强资产管理等方式实现。例如,将更多的资本投向高新技术产业、环保产业等具有长期发展前景的领域,可以提高资本的使用效率;同时,加强资产管理和维护,延长资产使用寿命,也可以降低资本成本,提高资本效率。提高劳动力效率则需要从提高劳动者素质、优化劳动力配置以及改善劳动条件等方面入手。例如,通过加强教育和培训,提高劳动者的知识和技能水平,可以提高劳动力的生产效率;同时,优化劳动力配置,使劳动力资源在各产业和地区之间得到更加合理的配置,也可以提高劳动力的使用效率。当资本和劳动力的投入达到一定程度后,提高要素效率就成为推动经济增长的重要途径。通过优化投资结构、提高投资效益、加强资产管理以及提高劳动者素质、优化劳动力配置等方式,可以进一步提高资本和劳动力的使用效率,为经济增长注入新的动力。

(二)技术进步的影响

技术进步被广泛认为是提高要素效率的重要途径之一,这一点在实证分析中得到了充分的验证。通过深入的研究和数据分析,我们发现技术进步对经济增长的贡献体现在两个重要的方面:它不仅直接推动经济增长,还通过提高要素效率间接地为经济增长注入动力。

1. 技术进步通过直接推动经济增长的方式显现出其巨大作用

在现代经济体系中,技术创新和升级是推动产业发展和经济增长的核心动力。新的生产工艺、更高效的生产设备以及先进的制造流程,都是技术进步带来的直接结果。这些创新不仅提高了产品的质量和性能,满足了市场日益多样化的需求,还降低了生产成本,增强了企业的市场竞争力。特别是在高新技术产业中,一项重大的技术突破往往能引领一轮新的经济增长热潮,创造大量的就业机会和税收收入。例如,互联网、大数据、人工智能等技术的广泛应用,极大地改变了人们的生活方式和工作方式,也催生了一大批新兴产业和商业模式。这些变化不仅促进贡献了经济增长,还通过提升整个社会的信息化水平,为经济的持续发展奠定了坚实基础。

2. 技术进步在提高要素效率方面也发挥着至关重要的作用

资本和劳动力是经济增长的两大基本要素,但在资源有限的条件下,如何更有效地利用这些要素就显得尤为关键。技术进步为我们提供了解决方案。通过引入先进的生产技术和管理方法,可以显著提高资本和劳动力的使用效率。在资本方面,技术进步使同样的投资能够带来更大的产出。例如,自动化和智能制造技术的应用,使生产线上的设备能够在无人值守的情况下 24 小时不间断工作,大大提高了设备的利用率和生产效率。这不仅节约了人力成本,还降低了人为因素导致的生产事故和质量问题。

3. 在劳动力方面,技术进步同样发挥了重要作用

一方面,新的技术和工具使劳动者能够更高效地完成工作任务,提高了劳动生产率;另一方面,技术进步也要求劳动者不断更新知识和技能,以适应新的工作环境和岗位需求。这种技能的提升和知识的更新进一步增强了劳动力的市场竞争力和生产能力。技术进步对经济增长的贡献是全方位的。它不仅通过直接的方式推动经济增长,还通过提高要素效率的方式间接地促进了经济的持续发展。在未来,随着科技的不断进步和创新能力的不断增强,我们有理由相信技术进步将继续在推动经济增长和提高要素效率方面发挥更加重要的作用。

(三)产业结构的影响

1. 促进技术创新与产业升级,提高要素效率

在现代经济体系下,高新技术产业和服务业以其独特的优势,成为推动经济增长的新动力。这些产业的高技术含量、高附加值和高成长性,使其在经济发展中占据重要地位。

高新技术产业的快速发展为经济增长注入了新的活力。这些产业通过不断的技术创新,推动了产业升级和产品换代。例如,信息技术的广泛应用,不仅催生了电子商务、智能制造等新兴产业的崛起,还通过技术外溢效应,带动了其他相关产业的发展。这种技术创新和产业升级,极大地提高了生产要素的使用效率和附加值,为经济增长提供了强大的动力。服务业的发展同样对经济增长产生了积极的影响。

随着经济的发展和居民收入水平的提高,人们对服务的需求不断增加。现代服务业以其高附加值、低能耗和低污染的特点,成为经济增长的新引擎。特别是金融、教育、医疗等高端服务业的发展,不仅提升了服务业的整体水平,还通过提供专业化的服务,支持了其他产业的发展。这种产业间的相互支持和协同发展,进一步提高了生产要素的使用效率,推动了经济的持续增长。同时,传统产业的改造和升级也是提高要素效率的重要途径。面对技术落后、产能过剩等问题,传统产业通过引进智能制造技术和自动化设备,实现生产线的数字化和智能化。这种改造和升级不仅提高了生产效率和产品质量,还降低了生产成本和资源消耗,进一步提升了传统产业的竞争力。

2. 优化资源配置效率,推动经济健康发展

产业结构的优化升级对经济增长的影响还体现在资源配置效率的提高上。在产业结构不合理的情况下,资源往往会被配置到低效率的部门和企业,导致资源的浪费和错配。产业结构的调整和优化可以使资源更加合理地配置到高效率的部门和企业。这种资源配置的优化不仅提高了资源的使用效率,还促进了经济的健康发展。一方面,高效率的部门和企业通过获得更多的资源支持,可以进一步扩大生产规模、提升技术水平、增强市场竞争力,从而推动经济的快速增长。另一方面,低效率的部门和企业则通过市场竞争和资源重新配置,逐步被淘汰或转型升级,从而实现经济结构的优化和升级。

3. 改善就业结构,提高收入水平

产业结构的优化升级还能够带来就业结构的改善和收入水平的提高。随着高新技术产业和服务业的发展以及传统产业的改造和升级,社会对高素质人才的需求不断增加。这将促使劳动者提高自身的知识和技能水平,以适应新的就业需求。同时,随着产业结构的优化和升级,劳动者的收入水平也将得到相应提高。这种就业结构的改善和收入水平的提高,进一步激发了经济增长的内生动力。一方面,高素质人才的增加为经济发展提供了强有力的人才保障和智力支持,推动了技术创新和产业升级。另一方面,收入水平的提高则增强了消费者的购买力和消费信心,拉动了内需增长,促进了经济的持续发展。

(四)教育水平的影响

教育水平是影响劳动力要素效率的关键因素之一。教育,作为培养人才、传承知识、推动创新的基石,对于提升劳动力的知识、技能和综合素质具有不可替代的作用。在现代化经济体系中,劳动力要素的效率直接关乎经济增长的速度和质量,而教育正是提高这一效率的重要途径。

1. 提升劳动者的知识水平和技能水平

随着科技的进步和产业的发展,现代经济对劳动者的知识和技能要求越来越高。通过接受系统的教育,劳动者可以掌握先进的科学知识和实用的工作技能,从而更好地适应现代经济发展的需求。例如,在信息技术、生物技术、新材料等高新技术领域,受过良好教育的劳动者往往能够更快地掌握新技术,更有效地推动产业升级和创新发展。教育对于提升劳动者的综合素质也具有重要意义。综合素质包括劳动者的思维能力、创新能力、沟通能力、协作能力等多个方面。这些能力的提升不仅有助于劳动者更好地完成工作任务,还有助于其在职业生涯中实现更大的发展。通过教育,特别是通识教育和职业教育相结合的教育方式,可以有效地提升劳动者的综合素质,使其成为具备高度适应性和创新能力的现代劳动者。

2. 教育促进人力资本的积累和增值

人力资本是指体现在劳动者身上的知识、技能、健康等因素的总和,是推动经济增长的重要力量。教育投资可以有效地增加人力资本存量,提高劳动

者的生产能力和创新能力。同时,教育还能够促进人力资本的合理流动和优化配置,使其更加符合经济发展的需要。因此,教育在提升劳动力要素效率和推动经济增长方面具有双重作用。改革开放以来,我国经济实现了快速增长,但与此同时,也面临着劳动力素质不高、创新能力不足等问题。提高教育水平,特别是加强职业教育和高等教育的发展,可以有效地提升我国劳动力的整体素质和创新能力,为经济增长提供持续的人才支持。同时,提高教育水平还有助于缩小城乡之间、区域之间的教育差距,促进社会的公平和谐发展。在教育资源相对匮乏的地区,通过加大教育投入、改善教育条件、提高教育质量等措施,可以为当地劳动力提供更多更好的教育机会,帮助他们提升自身素质和能力,更好地参与到经济发展中来。教育水平是影响劳动力要素效率的关键因素之一。提高教育水平可以有效地提升劳动者的知识、技能和综合素质,促进人力资本的积累和增值,为经济增长提供持续的人才支持。因此,在未来的发展中,我们应该继续加强教育投资和教育改革,推动我国教育的全面发展,为提升劳动力要素效率和推动经济增长做出更大的贡献。

3. 经济增长的核心引擎

通过实证分析,深入探究影响我国经济增长要素效率的诸多因素,并得出了一系列重要结论。这些结论不仅揭示了经济增长的内在机制,也为我们制定有效的经济政策提供了重要依据。在众多影响因素中,资本投入、劳动力投入、技术进步、产业结构以及教育水平都扮演了重要角色。这些因素相互交织、相互作用,共同影响着我国经济的增长轨迹。其中,技术进步、产业结构优化升级和教育水平的提高对于提升要素效率和推动经济增长具有特别重要的意义。技术进步是推动经济增长的核心动力。在现代经济中,科技创新已经成为提高生产效率和促进产业升级的关键。通过实证分析,我们发现技术进步对经济增长的贡献率越来越高。这意味着,只有不断推动科技创新,才能实现经济的持续、稳定增长。因此,我们应该继续加大对科技创新的投入和支持力度,鼓励企业加大研发投入,培养更多科技人才,推动技术进步和产业升级。产业结构优化升级也是提升要素效率和推动经济增长的重要途径。

4. 提升要素效率的关键途径

优化产业结构可以促进资源的合理配置和高效利用,提高整体经济的运行效率。同时,产业结构的优化升级还可以带来新的增长点和发展机遇,为经济的持续增长注入新的活力。因此,我们应该制定科学的产业政策,引导企业向高端化、智能化、绿色化方向发展,促进各产业之间的协调发展。教育是国家发展的基石,也是人才培养的摇篮。提高教育水平可以培养更多高素质人才和创新型人才,为经济的持续发展提供强有力的人才支撑。同时,教育水平的提高还可以提高劳动者的技能水平和综合素质,提高他们的生产效率和创造力,从而推动经济的快速增长。因此,我们应该加大对教育的投入力度,提高教育质量,培养更多适应现代经济发展需求的高素质人才。深化要素市场改革也是提升要素效率和推动经济增长的重要手段。要素市场是资源配置的重要平台,其运行效率直接影响到整体经济的运行效率。深化要素市场改革可以打破行业垄断和市场分割,促进要素的自由流动和合理配置,提高要素的使用效率。同时,要素市场改革还可以激发企业的活力和创新力,推动经济的快速增长。因此,应该坚定不移地推进要素市场改革,完善市场机制,提高市场效率,为经济的持续增长创造良好环境。

第五章 我国农业经济增长要素效率的影响因素研究

第一节 我国省域农业经济增长要素效率影响因素分析

农业作为我国的基础产业,其经济增长对于国家整体经济发展具有重要意义。然而,我国省域农业经济增长要素效率受到多种因素的影响,这些因素在不同省份之间可能存在差异。因此,对我国省域农业经济增长要素效率影响因素进行实证分析,有助于深入了解各省份农业经济增长的实际情况,为制定更加有效的农业政策提供科学依据。农业经济增长要素效率是衡量农业经济发展水平的重要指标之一。在我国,农业经济增长要素主要包括土地、劳动力、资本和技术等。这些要素在不同省份之间的配置和利用效率可能存在差异,导致农业经济增长速度和质量的差异。因此,对我国省域农业经济增长要素效率影响因素进行实证分析,对于促进农业经济增长、提高农业生产效率具有重要意义。

一、实证分析方法

为了深入了解我国省域农业经济增长要素效率的影响因素,采用了严谨的实证分析方法。这一方法的应用,旨在通过数据和统计手段,揭示各因素与农业经济增长之间的内在联系,从而为政策制定和实践操作提供科学的依据。

(一)数据收集与整理工作

在具体实施过程中,我们首先进行了大量且系统的数据收集与整理工作。通过查阅相关年鉴、统计公报以及专业数据库等权威资料,我们成功构建了一个包含多个省份、多个年份的面板数据集。这一数据集不仅涵盖了农业经济增长的各个方面,而且时间跨度较长、空间范围广泛,为我们后续的实证分析提供了坚实的数据基础。

在构建好数据集之后,进一步利用计量经济学模型对影响农业经济增长要素效率的各种因素进行了回归分析。回归分析是一种强大的统计工具,它能够帮助我们定量地分析各因素与农业经济增长之间的关系,包括影响的方向、大小以及显著性等。通过回归分析,我们可以更加准确地把握各因素对农业经济增长的贡献程度,从而为政策制定提供有力的支持。

在实证分析中,我们精心选择了土地生产率、劳动生产率和全要素生产率作为衡量农业经济增长要素效率的指标。这三个指标分别从不同的角度反映了农业经济增长的效率和效益。其中,土地生产率衡量了单位面积土地上的农业产出,劳动生产率衡量了单位劳动投入下的农业产出,而全要素生产率则综合考虑了各种生产要素的投入产出效率。通过对这三个指标进行全面分析,可以更加全面地了解农业经济增长的要素效率状况。

(二)充分认识到农业经济增长受到多种因素的影响

1. 自然资源与气候条件的基础性影响

自然资源和气候条件是农业经济增长的基础性影响因素。土地、水资源等自然资源的丰歉直接决定了农业生产的潜力和规模。例如,肥沃的土地和充足的水资源可以为农作物提供必要的生长条件,从而提高农业产量。相反,土地贫瘠、水资源匮乏的地区则可能面临农业生产受限的困境。气候条件对农业经济增长的影响同样不容忽视。光照、温度、降水等气候因素的变化都会直接影响农作物的生长周期和产量。适宜的气候条件可以促进农作物的生长和繁殖,从而提高农业产量和经济效益。而极端气候事件,如干旱、洪涝、霜冻等,则可能导致农作物减产甚至绝收,给农业生产带来巨大损失。

为了应对自然资源和气候条件对农业经济增长的影响,我们需要采取一系列措施。一方面,要加强土地保护和水资源管理,提高自然资源的利用效率。另一方面,要推广耐候性强的农作物品种,提高农业生产的抗逆能力。此外,还需要建立健全的气象监测和预警体系,以便及时应对极端气候事件,减轻其对农业生产的冲击。

2. 技术进步与创新驱动的推动作用

技术进步和创新是农业经济增长的重要推动力量。随着农业科技的不断发展和创新,新的种植技术、养殖技术、农业机械等不断涌现,为农业生产提供了强有力的支持。这些新技术的应用可以显著提高农业生产的效率和质量,降低生产成本,从而推动农业经济的快速增长。同时,创新驱动也是农业经济增长的关键因素之一。在市场竞争日益激烈的背景下,只有不断创新才能保持农业生产的竞争优势。这包括产品创新、技术创新、管理创新等多个方面。通过创新,我们可以培育出更加优质、高产的农作物新品种,研发出更加高效、环保的农业新技术,探索出更加科学、合理的农业管理新模式,从而推动农业经济持续健康地发展。

为了充分发挥技术进步和创新在农业经济增长中的推动作用,我们需要加大农业科技研发投入,提高农业科技创新能力。同时,还需要加强农业技术推广和培训工作,将新技术、新成果及时应用到农业生产实践中去。此外,还需要建立健全的农业创新体系,鼓励和支持农业企业、科研机构、高等院校等多方参与农业创新活动,形成协同创新的良好机制。

3. 政策环境与制度安排的保障作用

政策环境和制度安排是农业经济增长的重要保障因素。政府的农业政策、法律法规以及相关的制度安排都会对农业经济增长产生深远影响。例如,合理的土地政策可以保障农民的土地权益,激发农民的生产积极性;优惠的财政政策和金融政策可以为农业生产提供资金支持和税收减免;健全的农业保险制度可以为农业生产提供风险保障等。同时,制度安排也是影响农业经济增长的重要因素之一。合理的制度安排可以明确各方的权责关系、规范农业生产行为、保障农业市场的公平竞争和有序发展。例如,完善的农村产权制度可以保障农民的财产权益;健全的农业社会化服务体系可以为农业生产提供全方位的服务支持;科学的农业技术推广体系可以推动农业科技的快速普及和应用等。

为了充分发挥政策环境和制度安排在农业经济增长中的保障作用,我们需要加强政策制定和实施力度,确保各项农业政策得到有效落实。同时,还需要加强制度建设和创新工作,不断完善相关的制度安排和法律法规体系。此外,还需要加强政策宣传和解读工作,提高农民对政策的认知度和理解度,从而更好地发挥政策效应。

二、影响因素分析

(一)自然条件

1. 自然条件是影响农业经济增长要素效率的重要因素之一

气候是农业生产中最为关键的自然条件之一。不同地区的气候类型、温度和降水量等因素都会对农作物的生长周期和产量产生直接的影响。例如,南方地区的气候温暖湿润,适宜水稻等作物的生长,因此水稻产量相对较高;而北方地区气候寒冷干燥,更适合种植小麦、玉米等旱作物。气候的适宜与否直接关系到农作物的生长状况,进而影响到农业经济的增长效率。土壤条件也是影响农业生产的重要因素之一。不同地区的土壤类型、肥力水平和土壤结构等都会对农作物的生长产生影响。例如,肥沃的土壤能够为农作物提供充足的养分,促进其健康生长,从而提高产量;而贫瘠的土壤则会导致农作物生长不良、产量低下。因此,土壤条件的好坏直接关系到农业生产的效益和农业经济的增长速度。

2. 水资源也是农业生产中不可或缺的自然条件之一

农业生产需要大量的水资源进行灌溉,以保证农作物的正常生长。不同地区的水资源分布和供需状况都会对农业生产产生影响。例如,水资源丰富的地区可以实现充分的灌溉,提高农作物的产量和品质;而水资源匮乏的地区则需要通过节水灌溉、雨水收集等措施来保证农业生产的正常进行。水资源的充足与否直接影响到农业生产的稳定性和可持续性,进而影响到农业经济的增长效率。

在气候适宜、土壤肥沃、水资源丰富的地区,农业生产往往能够取得较好的效益,土地生产率和劳动生产率也相对较高。这是因为这些地区的自然条件为农业生产提供了有力的支持,使农作物能够充分生长,产量得到保障。同时,这些地区的农业生产者也能够更加高效地进行农业生产活动,提高劳动生产率。然而,在一些自然条件较差的地区,农业生产则面临着诸多挑战。这些地区的农业生产者需要付出更多的努力来克服自然条件的限制,保证农业生产的正常进行。同时,政府和社会各界也需要加大对这些地区的支持力度,通过改善农业基础设施、推广先进的农业技术等措施来帮助这些地区提高农业生产的效益和效率。

(二)经济发展水平

1. 推动了农业经济增长要素效率的提升

随着经济的发展,农业生产逐渐摆脱了传统的人力、畜力为主的生产方式,开始向机械化、自动化、智能化的方向发展。这种转变不仅大大提高了农业生产的效率,还降低了农业生产的成本,使农业生产更加具有竞争力。现代化的农业机械设备,如拖拉机、收割机、灌溉设备等,可以大大提高耕作、播种、施肥、收割等农业生产环节的效率,减少人力、物力的投入。这些设备的广泛应用,不仅解放了大量的农村劳动力,还提高了农业生产的精准度和质量。除了机械化生产,经济的发展还为农业生产带来了更加先进的科技支持。生物技术的应用使农作物的抗病性、抗虫性、抗旱性得到了显著提升,大大提高了农作物的产量和质量。同时,信息技术和智能技术的应用也为农业生产提供了更加便捷、高效的管理手段。应用这些技术,农民可以更加准确地掌握市场需求和价格信息,制订更加科学的种植计划和销售策略,从而提高农业生产的整体效益。

2. 带动农业技术水平不断提升

除了生产方式的转变,经济发展还带动农业技术水平不断提升。随着科技的不断进步和创新,越来越多的先进农业技术被应用到农业生产中,为农业生产带来了革命性的变革。例如,生物技术、信息技术、遥感技术等在农业生产中的广泛应用,使农业生产更加精准、高效、可持续。这些技术的应用不仅提高了农作物的产量和品质,还减少了农业生产对环境的污染和破坏,实现了农业生产的绿色发展。

3. 影响农业经济增长要素效率的重要体现之一

经济发达的地区往往拥有更先进的农业技术和设备,这也是经济发展水平影响农业经济增长要素效率的重要体现之一。这些地区由于经济实力的雄厚和科技水平的领先,能够投入更多的资金和人力用于农业科技的研发和推广,从而推动了农业生产的现代化进程。在这些地区,农业生产者可以更加方便地获取到先进的农业技术和设备,实现更高效的农业生产。这种高效的农业生产方式不仅提高了土地生产率和劳动生产率,还带动了农业经济的快速增长。

(三)农业政策

农业政策对农业经济增长要素效率的影响确实不容忽视。在农业生产和发展过程中,政府扮演着至关重要的角色。通过制定和实施各种农业政策,政府能够有效地引导和调控农业生产活动,促进农业经济的稳定增长。土地政策是农业政策中的核心部分。土地是农业生产的基础资源,其分配和使用方式直接决定了农业生产的规模和效率。政府通过制定合理的土地政策,如土地流转政策、土地承包政策等,可以优化土地资源配置,提高土地利用效率。这不仅能够鼓励农业生产者进行规模化经营,还能够推动农业生产的现代化和集约化,从而提升农业经济增长要素效率。

1. 影响农业经济增长要素效率的重要因素

价格政策是影响农业经济增长要素效率的重要因素。农产品价格是农业生产者最为关心的问题之一,它直接影响到农业生产者的收益和生产积极性。政府通过制定合理的价格政策,如最低收购价政策、价格补贴政策等,可以稳定农产品市场价格,保障农业生产者的合理收益。这不仅能够激发农业生产者的生产积极性,还能够促进农产品的流通和销售,推动农业经济的良性发展。财政政策在农业经济增长要素效率方面也发挥着重要作用。农业生产需要大量的资金投入,包括基础设施建设、农业科技创新、农产品质量提升等方面。政府通过实施积极的财政政策,如增加农业投入、提供农业补贴和贷款优惠政策等,可以降低农业生产者的成本,提高其生产积极性。这不仅能够推动农业生产的快速发展,还能够提升农业经济增长的质量和效益。

2. 提高其盈利水平

以农业补贴为例,政府提供的农业补贴可以直接降低农业生产者的生产成本,提高其盈利水平。这不仅能够激发农业生产者的生产热情,还能够鼓励他们采用先进的农业技术和设备进行生产,从而提高农业生产效率和要素效率。同时,农业补贴还可以促进农产品的产量和品质提升,增强农产品的市场竞争力,进一步推动农业经济的增长。除了上述政策外,政府还可以通过其他农业政策来影响农业经济增长要素效率。例如,环保政策可以推动农业生产的绿色发展和可持续发展;科技政策可以鼓励农业科技创新和成果转化;教育政策可以提高农业生产者的素质和能力等。这些政策都能够从不同角度促进农业经济的增长和发展。

农业政策对农业经济增长要素效率的影响是多方面的、深远的。政府应该根据农业生产的实际情况和发展需求,制定和实施科学合理的农业政策,以引导和促进农业生产的健康发展。同时,政府还应该加强与农业生产者的沟通和协作,听取他们的意见和建议,不断完善和优化农业政策体系,为农业经济的持续增长和高质量发展提供有力保障。

(四)农业科技投入

1. 影响农业经济增长要素效率的关键因素之一

农业科技投入是影响农业经济增长要素效率的关键因素之一,这一点在农业现代化的进程中表现得尤为突出。农业科技投入的重要性首先体现在其能够推动农业生产方式的转型升级。传统的农业生产方式往往依赖于大量的人力、物力投入,生产效率低下且资源浪费严重,而加大农业科技投入,引进和推广先进的农业技术和设备,可以实现农业生产的机械化、自动化和智能化。这种现代化的生产方式不仅能够显著提高农业生产的效率,还能够降低生产成本,提升农产品的质量和安全水平,从而更好地满足市场需求。

2. 实现对这些生产环节的精准控制和管理

以精准施肥和节水灌溉为例,现代农业技术的应用可以实现对这些生产环节的精准控制和管理。通过土壤检测和作物生长监测等技术手段,可以精确掌握土壤养分状况和作物生长需求,从而制定出科学合理的施肥和灌溉方案。这不仅能够减少化肥和农药的过量使用,降低农业生产对环境的污染,还能够提高作物的产量和品质,实现农业生产的可持续发展。

3. 促进农业产业结构的优化和升级

此外,农业科技投入还能够促进农业产业结构的优化和升级。随着消费者对农产品品质和安全的要求不断提高,农业生产需要向绿色、有机、高品质的方向发展。加大农业科技投入可以推动农业科技创新和成果转化,培育出更多优质、高产、抗病的农作物新品种,发展特色、高效、生态的现代农业产业。这不仅能够满足消费者的多样化需求,还能够提高农业的整体竞争力和盈利能力。

除了上述直接影响外,农业科技投入还对农业经济增长要素效率产生着深远的间接影响。一方面,农业科技进步能够提升农业生产者的素质和能力,使他们更好地掌握和应用先进的农业技术,从而提高农业生产的管理水平和经营效益。另一方面,农业科技投入还能够推动农业与相关产业的融合发展,形成农业产业链和产业集群,实现农业经济的多元化增长。

农业科技投入是影响农业经济增长要素效率的关键因素之一。加大农业科技投入可以推动农业生产的现代化进程,提高农业生产的效率和质量,促进农业产业结构的优化和升级,从而实现农业经济的持续稳定增长。因此,在推动农业经济增长的过程中,必须高度重视农业科技投入的作用,采取有效措施加大投入力度,为农业经济的未来发展提供有力支撑。

三、结论与建议

在深入探讨农业政策对农业经济增长要素效率的影响后,我们明显看到,效率型经济增长不仅是现代农业发展的核心目标,也是农业政策制定和调整的重要依据。效率型经济增长强调资源的最优配置、技术的持续创新和制度的不断完善,以实现经济的高质量、可持续发展。

(一)结论

农业政策对农业经济增长要素效率具有显著影响。土地政策、价格政策和财政政策等农业政策,通过不同的作用机制,影响着农业生产的规模、结构和效率。科学合理的农业政策能够优化资源配置,激发农业生产者的积极性,推动农业技术的创新和应用,从而提升农业经济增长要素效率。

效率型经济增长是农业发展的必然趋势。随着资源环境约束的日益加剧和市场竞争的日趋激烈,传统的粗放型农业增长模式已难以为继。效率型经济增长强调资源节约、环境友好和效益优先,符合现代农业发展的内在要求。因此,推动农业向效率型增长转变,是实现农业经济持续健康发展的必然选择。农业政策需要不断调整和优化以适应效率型经济增长的要求。效率型经济增长对农业政策提出了新的挑战和要求。农业政策需要更加注重市场的导向作用,更加关注农业生产者的实际需求,更加重视农业科技创新和制度创新。因此,政府需要不断调整和优化农业政策,以适应效率型经济增长的要求。

(二)建议

1. 构建以效率为导向的农业政策体系

在推动农业发展的过程中,必须深刻认识到效率型经济增长的战略重要性,这不仅是农业现代化的必由之路,也是实现农业可持续发展的关键所在。因此,构建以效率为导向的农业政策体系显得尤为重要。

(1)完善土地流转政策是提升农业生产效率的基础。政府应当通过明确土地产权、规范流转程序、加强流转服务等方式,推动土地向有能力、有效率的农业生产者集中,从而实现土地的规模化、集约化经营,提高土地利用效率。

(2)优化价格形成机制是激发农业生产活力的重要手段。政府应当充分发挥市场在资源配置中的决定性作用,改革农产品价格形成机制,使农产品价格更加合理、更加反映市场供求关系,从而引导农业生产者根据市场需求调整生产结构,提高农业生产的市场化水平。

(3)加大财政投入力度是提升农业生产效率的有力保障。政府应当通过增加财政对农业的投入,加强农业基础设施建设、推动农业科技创新、支持农业生态保护等方面的工作,为农业生产创造更加良好的条件和环境,促进农业生产效率的持续提升。

2. 推进农业科技创新和成果转化

科技创新是提升农业经济增长要素效率的关键。政府应该加大对农业科技创新的投入力度,支持农业科研机构和企业开展联合攻关,推动农业科技成果的转化和应用。同时,政府还应该加强农业技术推广体系建设,提高农业生产者的科技素质和应用能力。

3. 加强农业市场化建设

市场化是效率型经济增长的重要特征之一。政府应该加强农产品市场体系建设,完善市场规则和监管机制,推动农产品市场的公平竞争和有序发展。

同时,政府还应该鼓励和支持农业生产者参与市场竞争,提高其市场竞争力和抗风险能力。

4. 创新农业金融服务方式

资金是农业生产的重要保障之一。政府应该创新农业金融服务方式,为农业生产提供多样化的金融支持和服务。这包括发展农业保险、推广农业信贷、建立农业投资基金等方面,以满足农业生产者的不同需求和发展要求。同时,政府还应该加强对农业金融服务的监管和风险防范工作,确保农业金融服务的稳健运行。

5. 注重环境友好和可持续发展

效率型经济增长不仅关注经济效益的提升,也注重环境友好和可持续发展。政府应该加强农业生态环境保护工作,推广绿色农业技术和生产模式,推动农业向生态化、绿色化方向发展。同时,政府还应该加强对农业生产者的环保宣传和教育工作,提高其环保意识和责任感。

效率型经济增长是现代农业发展的必然趋势和核心目标。为了实现这一目标,政府需要构建以效率为导向的农业政策体系、推进农业科技创新和成果转化、加强农业市场化建设、创新农业金融服务方式以及注重环境友好和可持续发展等方面的工作。通过这些措施的实施和推进,我们相信可以进一步提升农业经济增长要素效率,推动农业经济实现更高质量、更有效率、更加公平、更可持续的发展。

第二节 我国农业经济增长要素效率影响因素的实证分析

一、我国农业经济增长要素效率影响因素的分析

(一)我国农业经济增长分析

我国农业经济增长在年度间呈现出显著的变异特征,这种变异不仅受到内部因素的影响,还受到外部环境的制约。为了深入理解这种变异的本质和原因,我们需要对其进行详细的分解和分析。从内部因素来看,我国农业经济增长的年度变异主要受到农业生产要素投入、农业生产效率、农业结构调整等因素的影响。农业生产要素投入包括土地、劳动力、资本等,这些要素在不同年份的投入量和投入结构都会发生变化,从而影响农业经济的增长。例如,某

些年份由于政策扶持或市场需求增加,农民可能会增加对土地的投入、扩大种植面积,从而提高农业产出和经济增长率;而在其他年份,由于自然灾害或市场风险等原因,农民可能会减少对土地的投入,导致农业产出和经济增长率下降。农业生产效率也是影响农业经济增长年度变异的重要因素。随着农业科技的不断进步和农业机械化水平的提高,农业生产效率在不同年份也会有所差异。高效的农业生产能够提高单位面积的产量和质量,从而增加农业经济的总量和增长率。相反,低效的农业生产则会导致资源浪费和产量下降,制约农业经济的增长。农业结构调整也会对农业经济增长的年度变异产生影响。随着市场需求的变化和农业政策的调整,农业结构在不同年份也会发生相应的变化。例如,某些年份可能更加注重粮食作物的生产,而忽视经济作物的发展,而在其他年份,可能更加注重农业产业化和农村经济的发展。这种结构调整会导致农业经济增长在不同年份出现波动和变异。

(二)我国农业经济增长基本影响要素的作用分析

我国农业经济增长的基本影响要素包括土地资源、技术创新等。这些要素在农业经济增长中发挥着各自独特而重要的作用。土地资源是农业生产的基础,其数量和质量直接影响着农业经济的增长。我国虽然土地面积广大,但可耕地面积相对有限,且分布不均。因此,合理高效利用土地资源,提高土地生产率,对农业经济增长至关重要。随着科技的进步,农业生产方式正在发生深刻变革。通过引进和推广先进的农业技术,可以提高农业生产的科技含量,提升农业生产的效率和效益,推动农业经济增长方式的转变。

二、研究背景与数据来源

我国作为一个历史悠久的农业大国,农业经济始终占据着国家经济的重要地位。农业不仅是粮食和主要农产品的生产源泉,更是广大农民群众的生活依靠。因此,农业经济的稳定增长直接关系到国家的粮食安全、社会稳定以及广大农民群众的福祉。

(一)农业经济增长面临的挑战

在现代化的进程中,我国农业经济增长面临着前所未有的挑战。随着人口的不断增长,对粮食和主要农产品的需求也在持续增加。同时,资源环境的约束也日益凸显,耕地减少、水资源短缺、环境污染等问题不断加剧,给农业经济增长带来了巨大的压力。为了应对这些挑战,提高农业经济增长要素效率成为关键所在。农业经济增长要素效率是指在农业生产过程中,各种生产要素的投入与产出之间的比率关系。提高要素效率意味着在相同的生产要素投入下,能够获得更高的农业产出,或者在保持农业产出不变的情况下,能够减少生产要素的投入。这不仅能够缓解资源环境的压力,还能够提高农业生产的效益,推动农业经济的持续增长。

(二)数据研究

为了更加客观地了解我国农业经济增长要素效率的现状及其影响因素,采用了大量的官方统计数据。这些数据主要来源于国家统计局、农业农村部等权威机构,以及各省市自治区的农业经济年报。通过对这些数据的收集、整理和分析,我们可以对我国农业经济增长要素效率进行全面、深入的研究。

在收集数据的过程中,我们注重数据的准确性和可靠性。通过对比不同来源的数据,进行交叉验证,确保数据的真实性和客观性。同时,我们还对数据进行了详细的分类和归纳,以便于后续的分析和研究。在整理数据的过程中,我们采用了多种统计方法和分析工具。通过对数据的描述性统计、相关性分析、回归分析等处理,我们可以更加清晰地了解我国农业经济增长要素效率的现状及其影响因素。同时,我们还利用图表、图像等直观的方式展示数据,使研究结果更加易于理解和接受。

通过对数据的深入分析,我们发现我国农业经济增长要素效率受到多种因素的影响。其中,自然条件、经济发展水平、农业政策以及农业科技投入是最重要的四个因素。自然条件如气候、土壤等对农业生产的直接影响不言而喻。经济发展水平则决定了农业生产方式和技术水平的高低。农业政策对农业生产的调控作用也不容忽视。农业科技投入则是提高农业经济增长要素效率的核心动力。通过对国家统计局、农业农村部等官方发布的统计数据以及各省市自治区的农业经济年报的收集、整理和分析,我们可以更加客观地了解我国农业经济增长要素效率的现状及其影响因素。这为后续的研究和政策制定提供了重要的参考依据。同时,我们也应该认识到提高农业经济增长要素效率的重要性和紧迫性,积极推动农业生产方式的转型升级和科技创新,以实现农业经济的持续稳定增长。

三、影响因素分析

(一)自然条件

自然条件是影响农业经济增长要素效率的基础因素,这一点在地域辽阔、自然条件差异显著的国家尤为突出。我国的地理环境复杂多样,从北到南、从东到西,气候、地形、土壤等自然条件都存在着巨大的差异。这些差异不仅直接影响了农业生产的布局和方式,还对农业经济增长要素效率产生了深远的影响。气候是农业生产中最重要的自然条件之一。我国的气候类型多样,从寒温带到热带,各种气候类型俱全。不同的气候条件下,农作物的生长周期、产量和品质都会有所不同。例如,在气候适宜、光照充足、雨水充沛的地区,农作物的生长速度快、产量高、品质好。这种气候条件对于农业经济增长要素效率的提升具有显著的促进作用。

1. 影响农业经济增长要素效率的重要因素

我国的地形复杂,山地、高原、平原、盆地等各种地形都有。不同的地形条件下,农业生产的难度和成本也会有所不同。例如,在平原地区,土地平坦,便于机械化耕作和水利建设,有利于提高农业生产的规模和效率;而在山地和高原地区,土地坡度大,耕作困难,需要采取特殊的农业技术和生产方式。

土壤是农业生产的基础,土壤的肥沃程度直接决定了农作物的产量和品质。我国的土壤类型繁多,从肥沃的黑土地到贫瘠的砂土地,各种土壤类型都有。在土壤肥沃的地区,农作物生长旺盛、产量高、品质好;而在土壤贫瘠的地区,则需要通过改良土壤、提高土壤肥力等措施来提高农业生产的效益。为了充分利用自然条件优势,提高农业经济增长要素效率,我们必须根据不同地区的自然条件特点,因地制宜地制定农业发展战略和政策。在气候适宜、土壤肥沃的地区,我们应该重点发展高产、高效的现代农业。同时,还要加强农田水利建设,提高农业生产的抗灾能力和稳定性。

2. 注重生态环境的保护和改善

通过发展特色农业、生态农业等方式,提高农业生产的效益和竞争力。例如,在山地和高原地区,可以发展特色种植业和养殖业,利用当地的自然资源和环境优势,打造具有地方特色的农产品品牌。在砂土地和盐碱地等贫瘠土地上,可以通过改良土壤、种植耐盐碱作物等方式提高土地的利用效率和产出效益。自然条件是影响农业经济增长要素效率的基础因素。在我国这样地域辽阔、自然条件差异显著的国家,我们必须充分认识到自然条件对农业经济增长的重要性,根据不同地区的自然条件特点,因地制宜地制定农业发展战略和政策,以推动农业经济的持续稳定增长。

(二)更加先进的生产要素和生产方式

经济的发展带来资本积累、科技进步以及产业升级,这些都为农业生产提供更加先进的生产要素和生产方式,进而推动农业经济增长要素效率的提升。

随着经济的发展,农业生产方式逐渐从传统的手工劳作向现代化、机械化的生产方式转变。这种转变不仅提高了农业生产的效率,还降低了农业生产的成本。现代化的农业生产方式采用了先进的农业机械设备,使农业生产过程更加精准、高效。同时,随着科技的不断进步,农业生产技术也在不断创新和升级,为农业生产提供了更多的可能性。农业生产技术和装备水平的提高,意味着农业生产能够更加充分地利用现有的生产要素,实现生产要素的优化配置。这不仅提高了农业生产的效率,还提高了农业生产的品质。例如,现代化的灌溉技术、施肥技术、病虫害防治技术等,都能够显著提高农作物的产量和品质。

(三)农业政策

1. 农业政策是影响农业经济增长要素效率的关键因素之一

在我国这样的农业大国,农业政策的制定和实施对于引导和调控农业生产活动、促进农业经济增长具有举足轻重的作用。政府通过运用各种政策工具,如土地政策、价格政策、财政政策等,来优化农业资源配置、提高农业生产效率,进而推动农业经济的持续稳定增长。土地政策是影响农业经济增长要素效率的重要农业政策之一。土地是农业生产的基础资源,土地流转政策的制定和实施对于推动农业规模化经营、提高农业生产效率具有重要意义。完善土地流转政策可以促进土地资源的优化配置和高效利用,使得土地能够集中到具有经营能力和技术水平的农民手中,实现农业生产的规模化和集约化。这不仅能够提高农业生产的效率,还能够降低农业生产的成本,从而提高农业经济增长要素效率。价格政策也是影响农业经济增长要素效率的重要农业政策之一。价格是市场机制的核心,是调节农产品供求关系的重要手段。政府通过制定合理的价格政策,保障农民的合理收益,激发农民的生产积极性,促进农业生产的稳定发展。同时,价格政策还能够引导农业生产结构的调整,使农业生产更加符合市场需求,提高农产品的市场竞争力。财政政策也是影响农业经济增长要素效率的重要农业政策之一。农业是弱势产业,需要政府的支持和保护。政府通过加大财政支农力度,提高农业生产投入,改善农业生产条件,推动农业技术的创新和推广,提高农业生产的科技含量和附加值。这些措施都能够有效地提高农业经济增长要素效率,推动农业经济的持续稳定增长。

2. 制定和实施科学合理的农业政策

为了优化农业政策体系、提高农业经济增长要素效率,我们应根据农业生产的实际情况和发展需求来制定和实施科学合理的农业政策。在制定农业政策时,应充分考虑农民的利益和诉求,确保政策能够真正惠及广大农民群众。同时,还应加强政策宣传和解读工作,让农民能够充分了解政策的内容和实施意义,提高农民的政策认知度和参与度。

在实施农业政策时,应注重政策的针对性和实效性。针对不同地区和不同农业生产情况,应采取不同的政策措施,确保政策能够真正发挥作用。同时,还应加大政策执行和监督力度,确保政策能够得到有效落实和执行。

农业政策是影响农业经济增长要素效率的关键因素之一。为了优化农业政策体系、提高农业经济增长要素效率,我们应制定和实施科学合理的农业政策,加强政策宣传和解读工作,注重政策的针对性和实效性,并加大政策执行和监督力度。只有这样,才能够真正发挥农业政策在促进农业经济增长中的重要作用,推动我国农业经济的持续稳定增长。

(四)农业科技投入

1. 推动农业经济增长的重要动力

在现代农业发展中,科技创新已经成为推动农业经济增长的重要动力。随着科技的进步和创新能力的提升,农业科技在农业生产中的应用越来越广泛,不仅提高了农业生产的效率,还提升了农产品的品质和附加值,对农业经济增长的贡献也越发显著。在农业生产中,农业科技的应用涵盖了多个方面。例如,应用生物技术,可以培育出高产、优质、抗病虫害的农作物新品种,提高农作物的产量和品质;运用农业信息技术可以实现农业生产的精准化和智能化,提高农业生产的决策水平和管理效率。

这些农业科技的应用,都为农业生产带来了革命性的变化,推动了农业经济的快速增长。在实证分析中,我们发现农业科技投入与农业经济增长要素效率之间存在显著的正相关关系。这意味着,农业科技投入的增加,将直接带动农业经济增长要素效率的提升。这是因为,农业科技投入的增加,可以推动农业科技创新和成果转化,提高农业生产的科技含量和附加值,从而提升农业经济的整体效益。

2. 加大农业科技投入力度

为了推动农业科技创新和成果转化、提高农业经济增长要素效率,应加大农业科技投入力度。一方面,政府应增加农业科技研发投入,提高农业科技创新能力和水平。通过加大财政投入、引导社会资本投入等方式,增加农业科技研发的资金支持,推动农业科技创新的深入开展。同时,还应加强农业科技人才的培养和引进,为农业科技创新提供强有力的人才保障。另一方面,加强农业技术推广体系建设也是关键所在。建立健全农业技术推广体系,推动先进适用技术的普及应用,让农民能够真正掌握和运用先进的农业技术。这不仅可以提高农业生产的效率,还可以提升农产品的品质和附加值,从而增加农民的收入。

　　此外,鼓励企业参与农业科技创新活动也是提升农业经济增长要素效率的重要途径。企业应积极发挥自身优势,加强与高校、科研机构的合作与交流,推动产学研一体化发展。通过合作研发、技术转移等方式,将科技成果转化为现实生产力,推动农业经济的持续稳定增长。农业科技投入是影响农业经济增长要素效率的核心因素之一。为了推动农业科技创新和成果转化、提高农业经济增长要素效率,我们应加大农业科技投入力度,加强农业技术推广体系建设,鼓励企业参与农业科技创新活动,形成多方协同推进的良好机制。这将有助于推动我国农业经济的持续稳定增长,实现农业现代化和乡村振兴的宏伟目标。

第六章 我国工业经济增长要素效率的影响因素研究

第一节 我国省域工业经济增长要素效率影响因素的实证分析

一、我国省域工业经济增长要素效率综合性影响因素分析

（一）数据来源分析

选择我国省域 30 个为评价单元，样本区间为 1998—2016 年。鉴于工业经济数据的可得性，上层变量选择如下：

层一变量：被解释变量，lnEGDP 是用各省 2000 年为不变价的工业总产值（亿元）的对数；解释变量，lnRK 是工业固定资产投资存量的对数；lnEL 是各省工业就业人数的对数；相应的数据来自我国工业统计年鉴、各省统计年鉴。见表 6-1 我国省域工业的层一变量样本统计值。由于数据经过不变价处理且取了对数，因而省域内各年度间变量值差异不大。

表 6-1 我国省域工业的层一变量样本统计值

变量层次	变量名称	样本数	均值	标准差	最小值	最大值
层一	lnEY	570	7.950 0	1.110 0	5.200 0	9.700 0
	lnEL	570	5.070 0	1.060 0	2.390 0	7.360 0
	lnRK	570	7.880 0	0.990 0	5.160 0	10.200 0

（二）我国省域工业经济增长的变异分解

我国省域工业经济增长的均值在不同省域之间是否有显著性差异？差异由层一和层二所产生的影响各占多大比例？运用多层统计模型的零模型可以回答上述问题。

表 6-2 我国省域工业经济增长均值与变异分解结果

固定效应	系数	标准误差	T值	自由度	P值
截距1,β 截距2,γ	7.948 7	0.200 6	39.624 0	29	0.000 0
随机效应	标准误差	方差成分	自由度	卡方值	P值
截距,u 层一,r	1.116 8 0.175 8	1.247 3 0.130 0	29	22 266.769 9	0.000 0

当我们深入探讨我国省域工业经济增长的背后因素时,表6-2的固定效应部分为我们提供了一个重要的线索:对数工业总产值(lnEY)的均值为7.948 7。这一数字本身并不能完全揭示各省域之间工业经济增长的差异性,但它为我们后续的分析奠定了一个基础。为了更准确地理解这种差异性,我们转向零模型的随机效应部分。卡方检验的结果显示,对数工业总产值均值存在显著性差异。这种差异并不是偶然的,而是由多种因素共同作用的结果。组内相关系数90.56%为我们提供了一个量化的度量标准。这意味着,我国省域工业总产值对数平均值的差异中,有高达90.56%的部分需要用二层变量来解释。二层变量指的是那些在我国省域经济环境中起着决定性作用的因素,包括市场化进程、对外开放、金融发展、城市化以及产业结构变迁。这些因素不仅在各省域之间存在差异,而且在很大程度上决定了各省域工业经济增长的速度和方向。

市场化进程是推动工业经济增长的关键因素之一。随着市场化程度的提高,资源配置更加合理,企业竞争更加激烈,从而推动了工业经济的快速增长。对外开放则为各省域提供了参与国际分工和合作的机会,带动了外向型工业的发展。金融发展为企业提供了更多的融资渠道和投资机会,支持了工业经济的扩张。城市化进程加速了人口和产业的集聚,为工业经济增长提供了广阔的市场空间;而产业结构变迁则推动了工业经济从低端向高端的转变,提高了工业经济的整体效益。与二层变量相比,一层变量对工业经济增长差异的解释力度相对较小,只有9.44%。一层变量主要指的是那些直接影响企业生产和经营的因素,如企业规模、技术水平、管理能力等。虽然这些因素对工业经济增长也有一定影响,但它们的作用相对有限,无法完全解释各省域工业经济增长的差异性。在研究我国省域工业经济增长时,我们必须引入层层变量,特别是那些代表省域经济环境特征的二层变量。只有这样,我们才能更准确地把握各省域工业经济增长的差异性及其背后的深层次原因。

(三) 我国省域工业经济增长基本影响要素的作用分析

基本影响要素的作用分析可由固定效应(变截距)模型分析得到。

表6-3 我国省域工业经济增长固定效应结果

固定效应	系数	标准误差	T值	自由度	P值
截距1,β 截距2,γ	7.948 7	0.200 6	39.624 0	29	0.000 0
lnEL 斜率,β 截距2,γ	-0.137 1	0.069 4	-1.977 0	567	0.048 0
随机效应	标准误差	方差成分	自由度	卡方值	P值
截距,u 层一,r	1.117 2 0.119 7	1.248 1 0.014 3	29	48 069.19	0.000 0

由表6-3的固定效应部分可知,基本影响因素 lnEL 的系数均值为负向显著、lnEK 的系数值为正向显著,即劳动力的增加将抑制我国省域工业经济增长,资本投入增加将促进我国省域经济增长。

(四) 我国省域工业经济增长要素效率异质性检验

要素效率异质性的检验可由随机效应(变系数)模型分析得到。

表6-4 我国省域工业经济增长随机效应结果

固定效应	系数	标准误差	T值	自由度	P值
截距1,β 截距2,γ	7.948 7	0.200 6	39.62 4	29	0.000 0
lnEL 斜率,β 截距2,γ	0.017 6	0.068 6	0.257	29	0.799 0
随机效应	标准误差	方差成分	自由度	卡方值	P值
截距,U	1.117 3	1.248 5	29	83 176.02	0.000 0
lnEL 斜率,U	0.313 2	0.098 1	29	97.578 31	0.000 0
lnEK 斜率,U₂	0.150 6	0.022 7	29	170.915 9	0.000 0
层一,R	0.091 0	0.008 3			

从表6-4的固定效应部分可以明显看到劳动力投入和资本投入的系数与表6-3中的相应系数存在差异。这两种模型在经济学分析中都有其独特的应用场景和解释力度。变截距模型假设各个省域的工业经济增长有共同的斜率,但截距不同;而变系数模型则允许斜率和截距都随省域的变化而变化。多层统计分析更倾向于使用随机系数模型的结果,因为它能更好地捕捉数据中的变异性和不确定性。在我国省域工业经济增长的过程中,资本投入的作用尤为显著。表6-4的固定效应部分,表明资本投入是推动我国工业经济增长的重要因素之一。各省域在吸引资本、利用资本方面所做的努力,直接影响了其工业经济的增长速度和质量。

相比之下,劳动力投入对我国省域工业经济增长的影响则不显著。这并不意味着劳动力不重要,而是说在当前的工业经济增长模式下,单纯增加劳动力投入并不能带来显著的增长效应。这可能与劳动力市场的结构性问题、劳动力素质与技能不匹配等因素有关。因此,各省域在提高工业经济增长效率时,不能仅仅依赖于劳动力投入的增加,还需要更加注重劳动力的质量和有效利用。这种差异可能是由于各省域在经济发展水平、产业结构、政策环境等方面的不同。例如,一些发达省域可能更加注重技术创新和高端制造业的发展,而一些欠发达省域则可能仍然依赖于传统的劳动密集型产业。这种差异使各省域在利用劳动力和资本推动工业经济增长时面临着不同的挑战和机遇。同时,表6-4的随机效应部分还表明截距、lnEL、lnEK 与 lnEY 之间的关系随着省域的不同而显著不同。这意味着各省域在工业经济增长的路径和模式上存在着显著的异质性。一些省域可能通过加大资本投入、提高劳动力素质等途径实现了快速增长,而另一些省域则可能需要探索更加适合自己的发展道路。因此,在制定和实施工业经济政策时,必须充分考虑到各省域的实际情况和差异性,避免"一刀切"的做法。

(五)我国省域综合性因素对工业经济增长要素效率的作用分析

我国作为一个地域辽阔、经济多元的大国,各省域的工业经济增长要素效率受到多种综合性因素的影响。这些综合性因素包括但不限于地理位置、资源禀赋、政策导向、市场环境、基础设施、教育水平等。它们相互交织、相互作用,共同影响着各省域的工业经济增长要素效率。

不同省域的地理位置决定了其在国内外市场中的相对位置和交通便利程度。沿海省域由于拥有优良的港口和便捷的海上交通,往往能够更快速地融入全球经济体系,吸引外资和技术,从而推动工业经济快速增长;而内陆省域则需要通过加强交通基础设施建设、优化物流体系等方式来弥补地理位置的劣势,提高工业经济增长要素效率。

资源禀赋也是影响我国省域工业经济增长要素效率的关键因素之一。不同省域的自然资源、人力资源和资本资源等禀赋条件存在差异,这些差异直接影响着各省域的工业产业结构和发展方向。资源丰富的省域可以依托资源优势发展特色产业和支柱产业,形成具有竞争力的工业经济体系;而资源相对匮乏的省域则需要通过技术创新、人才引进等方式来弥补资源不足,提高工业经济增长要素效率。此外,政策导向对我国省域工业经济增长要素效率的作用也不容忽视。我国政府在推动工业经济发展方面采取了一系列政策措施,包括财政支持、税收优惠、金融扶持、科技创新等。这些政策措施的实施力度和效果在不同省域之间存在差异,直接影响着各省域的工业经济增长要素效率。政策导向明确的省域能够更好地把握政策机遇,推动工业经济的快速增长。良好的市场环境可以为企业提供公平竞争的机会和规范的市场秩序,降低交易成本和风险,从而激发企业的创新活力和市场竞争力。各省域在市场环境建设方面存在的差异直接影响着其工业经济增长要素效率。一些省域通过加强市场监管、优化营商环境等方式来提升市场环境质量,推动工业经济的快速增长。基础设施和教育水平也是影响我国省域工业经济增长要素效率的重要因素。完善的基础设施可以为工业生产提供必要的物质条件和支持,提高生产效率和质量;而教育水平则决定着人力资源的素质和能力,影响着工业技术的创新和应用。各省域在基础设施建设和教育水平方面存在的差异直接影响着其工业经济增长要素效率。一些省域通过加大基础设施建设投入、提高教育水平等方式来提升其工业经济增长要素效率。我国省域综合性因素对工业经济增长要素效率的作用是多方面的、复杂的。为了推动工业经济的快速增长,各省域需要充分考虑其地理位置、资源禀赋、政策导向、市场环境、基础设施和教育水平等综合性因素,制定符合自身实际情况的发展战略和政策措施,加强区域合作和协调发展,共同推动我国工业经济的快速增长和高质量发展。

(六)我国省域工业经济增长的方差成分解释程度

我国作为世界上最大的发展中国家,其工业经济增长一直是国内外经济学家关注的焦点。然而,由于地域广阔、人口众多、资源分布不均等多重因素的影响,我国各省域的工业经济增长呈现出显著的差异性。这种差异性不仅体现在增长速度上,更体现在增长的质量和效益上。为了深入探讨这种差异性的根源,将从方差成分的角度对我国省域工业经济增长进行解释。方差成分分析是一种统计学方法,它可以将一个复杂的总体方差分解为若干个相互独立的成分,从而揭示出各个成分对总体方差的贡献程度。在我国省域工业经济增长的研究中,我们可以将总体方差分解为省域内部差异和省域间差异两个部分。

省域内部差异是指同一省域内部不同地区、不同行业、不同企业之间的工业经济增长差异。这种差异主要受地区经济发展水平、行业结构、企业规模和技术水平等多种因素的影响。在一些经济发达的省域,如广东、江苏等,由于其内部各地区、各行业的发展相对均衡,因此省域内部差异相对较小;而在一些经济欠发达的省域,如西部地区的某些省域,由于其内部各地区、各行业的发展极不均衡,因此省域内部差异相对较大。这种省域内部差异的存在,使同一省域内的工业经济增长呈现出多样性和复杂性。

省域间差异是指不同省域之间工业经济增长的差异。这种差异主要受地理位置、资源禀赋、政策导向等多种因素的影响。在我国,东部沿海地区由于其优越的地理位置和丰富的资源禀赋,一直是我国工业经济增长的核心区域;而我西部地区则由于其地理位置相对偏远、资源禀赋相对匮乏,工业经济增长相对滞后。这种省域间差异的存在,使我国各省域的工业经济增长呈现出明显的区域性和不平衡性。

通过方差成分分析可以发现,我国省域工业经济增长的总体方差中,省域间差异的贡献程度远大于省域内部差异的贡献程度。这说明,在我国工业经济增长的过程中,不同省域之间的差异是主要的矛盾和问题所在。这也从侧面反映出,我国政府在推动工业经济发展的过程中,需要更加注重区域协调发展和省域间的平衡发展。为了缩小省域间工业经济增长的差异,我国政府采取了一系列政策措施,如实施西部大开发战略、振兴东北老工业基地、促进中部地区崛起等。这些政策措施的实施,有力地推动了中西部地区和东北地区的工业经济增长,使我国各省域的工业经济增长呈现出更加均衡和协调的趋势。然而,我们也应该看到,我国省域工业经济增长的差异性问题仍然存在,且在一些地区和领域还表现得比较突出。因此,政府需要继续加大政策支持力度,推动各地区、各行业的协调发展,实现我国工业经济的全面、协调、可持续发展。

二、我国省域工业经济增长要素效率综合性影响因素的阶段性分析

为了深入了解这些综合性因素对我国省域工业经济增长要素效率的影响,将从阶段性分析的角度进行探讨。

(一)初期阶段:资源禀赋与地理位置的决定性影响

在我国工业化的初期阶段,资源禀赋和地理位置的重要性不言而喻,它们在很大程度上塑造了各省域工业经济增长的轨迹。这一阶段的显著特点是技术水平和资本积累的相对不足,这使工业发展主要依赖于自然资源和劳动力的投入。因此,资源和地理条件成为工业经济增长的核心驱动力。对于资源丰富的省域,如山西和内蒙古,其工业经济增长的路径与资源密集型产业紧密相连。这些省域拥有大量的煤炭、矿产等自然资源,为工业发展提供了坚实的物质基础。凭借这些资源,它们大力发展钢铁、化工、能源等产业,实现了工业经济的快速增长。这种增长模式不仅推动了当地经济的繁荣,还为国家整体的工业化进程做出了重要贡献。

与此同时,地理位置优越的省域也在工业化初期阶段展现出了显著的发展优势。广东、福建等沿海省域利用其区位优势,积极引进外资和技术,大力发展出口导向型经济。这些省域通过建设港口、发展海运、优化出口结构等措施,成功地融入了全球经济体系,实现了工业经济的跨越式发展。在这一阶段,尽管政策和市场环境对工业经济增长的影响相对较小,但它们的作用也不容忽视。由于技术水平和市场需求的限制,政府的产业政策相对单一,主要集中在促进资源开发和基础设施建设等方面。然而,这些政策仍然为工业经济增长提供了一定的支持和保障。例如,政府通过提供财政补贴、税收优惠等措施,鼓励企业加大投资力度,推动工业经济的快速发展。

市场环境方面,虽然初期的市场经济体制还不够完善,但市场竞争机制已经开始发挥作用。企业在市场竞争的压力下,不得不努力提高生产效率和管理水平,以适应市场需求的变化。这种竞争环境促使企业不断创新和进步,为工业经济增长注入了新的活力。然而,我们也应该看到,在工业化初期阶段,由于技术水平和资本积累的不足,工业经济增长主要依赖于资源和劳动力的投入,这使经济增长方式相对粗放,资源利用效率较低。同时,由于政策和市场环境的限制,政府的调控手段相对单一,难以有效地解决工业经济增长过程中出现的各种问题和矛盾。因此,在工业化初期阶段结束后,各省域纷纷开始寻求经济转型和升级的路径,以实现更加可持续和高效的工业经济增长。政府也逐渐意识到单一的政策调控手段的局限性,开始加强与市场机制的协同作用,以更好地推动工业经济的健康发展。这也为后续的工业化进程奠定了更加坚实的基础。

(二)中期阶段:政策导向与市场环境的关键性影响

随着工业化进程的深入推进,我国各省域的工业经济增长逐渐从依赖资源和地理优势转向受政策导向和市场环境等多重因素的影响。在这一阶段，政策导向对工业经济增长的要素效率产生了越来越显著的影响。

政府对工业发展的干预力度逐渐加大，这体现在一系列精心设计和实施的产业政策、财政政策和金融政策上。这些政策的目的在于引导和推动工业经济的结构调整和转型升级，以适应国内外经济形势的变化和市场需求的升级。同时，政府还加大对传统产业技术改造和环保治理的支持力度，推动传统产业实现绿色、低碳、可持续发展。此外，政府还通过设立产业发展基金、引导社会资本投入等方式，为工业发展提供多元化的资金支持。同时，政府还加强对金融市场的监管，防范金融风险对工业经济增长的负面影响。与此同时，市场环境的变化也对工业经济增长产生了深远的影响。技术水平的提高是企业适应市场需求变化、提升竞争力的关键。创新能力的提升则是企业实现可持续发展的根本保障。企业不仅要在产品、工艺等方面进行创新，还要在商业模式、管理方式等方面进行改革。通过创新，企业能够发现新的市场机会、拓展新的业务领域、创造新的竞争优势。

在这一阶段，教育和基础设施等长期性因素对工业经济增长的影响也逐渐显现。教育水平的提高为工业发展提供了更多高素质的人才支持。随着教育普及程度的提高和教育质量的提升，越来越多的人才涌现出来，为工业发展注入了新的活力。基础设施的完善则为工业生产提供了更加便捷的物质条件。随着交通、能源、通信等基础设施的不断完善，企业能够更加高效地获取原材料、销售产品、开展合作。这不仅降低了企业的运营成本，还提高了企业的市场响应速度和竞争力。

（三）高级阶段：创新与人力资本的核心性影响

进入工业化的高级阶段，我国各省域的工业经济增长迎来了新的挑战和机遇。在这一阶段，创新和人力资本成为决定工业经济增长要素效率的核心因素，传统的资源密集型产业和劳动密集型产业已难以满足经济发展的需要。

随着全球科技的不断进步和市场竞争的日益激烈，技术创新和产业升级成为提高生产效率和附加值的关键途径。那些拥有较强创新能力和丰富人力资本的省域，在这一阶段展现出了显著的发展优势。这些省域深知创新是引领发展的第一动力，因此它们不遗余力地加大科技创新投入，优化创新环境，培养创新人才，推动工业经济的创新驱动发展。

在科技创新方面，这些省域通过建立完善的科研体系、引进高端科研人才、加强产学研合作等措施，提升了本地区的科技创新能力。同时，它们还鼓励企业加大研发投入，开展技术攻关和新产品开发，推动科技成果的转化和应用。这些举措不仅提高了企业的核心竞争力,还为工业经济增长注入了新的活力。

在人力资本方面,这些省域注重教育事业的发展,通过提高教育质量、优化教育结构、培养创新型人才等方式,为工业发展提供了源源不断的人才支持。同时,它们还积极引进国内外优秀人才,吸引他们为本地区的工业发展贡献力量。在这一阶段,政府的作用也逐渐从直接干预转向服务和引导。政府深知市场在资源配置中的决定性作用,因此它致力于提供优质的公共服务、优化市场环境、制定创新政策等,为企业创造更好的发展条件。例如,政府通过简化审批流程、降低企业税费、加强知识产权保护等措施,减轻了企业的负担,激发了市场活力。同时,政府还积极搭建产学研合作平台、推动科技成果转化、引导社会资本投入等,为企业提供了更加多元化、便捷化的服务。

此外,政府还注重发挥自身在协调各方资源、引导产业发展方向等方面的作用。例如,政府通过制定产业发展规划、建立产业技术创新联盟、实施重大科技专项等方式,引导企业向高技术、高附加值领域转移。这些举措不仅提高了政府的服务效率和质量,还为工业经济增长提供了有力的政策支持。总之,在工业化的高级阶段,创新和人力资本成为推动工业经济增长的核心因素。那些拥有较强创新能力和丰富人力资本的省域通过加大科技创新投入、优化创新环境、培养创新人才等方式实现了更快的工业经济增长。而政府在这一阶段也逐渐转变角色定位和服务方式为企业创造更好的发展环境,共同推动我国工业经济实现高质量发展。

(四)绿色发展与协调发展的重要性

在这一背景下,环境保护和可持续发展已不再是工业发展的附属品,而是成为工业发展的基本要求。各省域必须深刻认识到,只有转变传统的粗放型增长方式,推动工业经济的绿色转型和协调发展,才能实现工业经济的长期可持续发展。

为了实现绿色发展和协调发展的目标,各省域需要采取一系列具体的措施。加大环保投入是必不可少的。各省域应增加对环保基础设施建设的投入,提高工业污染治理水平,降低工业排放对环境的影响。同时,还应鼓励企业加大环保技术研发和应用的投入,推动环保技术的创新和应用,提高工业生产的环保水平。推广清洁能源也是推动工业经济绿色转型的重要途径。各省域应积极发展风能、太阳能等可再生能源,减少对化石能源的依赖。同时,还应鼓励企业采用低碳技术和生产工艺,降低能源消耗和碳排放,提高工业生产的能效水平。

此外,发展循环经济也是实现工业经济与生态环境协调发展的重要手段。各省域应推动工业废弃物的资源化利用,提高资源利用效率。建立完善的废弃物回收和处理体系,实现废弃物的减量化、资源化和无害化处理,降低工业生产对环境的压力。

在推动绿色发展的同时,各省域还应加强区域合作和协同发展。由于不同省域在资源禀赋、产业结构和发展水平等方面存在差异,因此需要通过加强区域合作,实现资源的优化配置和共享发展。各省域可以通过建立跨区域的产业协作机制、推动产业链上下游的协同发展等方式,打破行政区划的壁垒,促进资源的自由流动和高效配置。这不仅可以提高资源利用效率,还可以降低生产成本,提升整体竞争力。为了实现这些目标,政府在其中扮演着至关重要的角色。政府应制定更加严格的环保法规和标准,引导企业走向绿色生产。同时,通过提供税收优惠、资金扶持等政策,鼓励企业加大在环保和可持续发展方面的投入。此外,政府还应加强对环保工作的监管和执法力度,确保各项环保措施得到有效落实。为了实现这一目标,各省域需要转变传统的增长方式、加大环保投入、推广清洁能源、发展循环经济并加强区域合作与协同发展。政府的引导和监管在这一过程中将发挥至关重要的作用。只有这样,我们才能共同推动我国工业经济实现高质量发展,为建设美丽中国贡献自己的力量。

第二节 我国工业经济增长要素效率影响因素的实证分析

一、我国工业经济增长要素效率综合性影响因素的分析

为了全面深入地了解这些影响因素,将从政策导向、市场环境、技术创新、人力资本、产业结构等角度进行分析。

(一)政策导向

政策导向是我国工业经济增长要素效率的重要影响因素之一。在经济发展的不同阶段,政府通过制定和实施一系列产业政策、财政政策和金融政策等,引导和推动工业经济的结构调整和转型升级。这些政策不仅直接影响了工业企业的生产经营行为,还间接影响了工业经济增长的要素效率。

这些政策有助于推动工业结构的优化升级,提高工业经济增长的质量和效益。同时,政府还通过实施差别化的产业政策,对不同行业、不同地区进行有针对性的扶持和引导,促进工业经济的协调发展。这些政策有助于激发企业的创新活力,推动工业经济的创新驱动发展。此外,政府还通过设立产业发

展基金、引导社会资本投入等方式,为工业发展提供多元化的资金支持,降低企业的融资成本,提高工业经济增长的要素效率。这些政策有助于解决企业融资难、融资贵等问题,提高金融服务实体经济的能力,推动工业经济的持续健康发展。

(二) 市场环境

市场环境作为影响工业经济增长要素效率的又一关键维度,在现代经济体系中扮演着至关重要的角色。随着市场经济体制的不断深化和完善,市场竞争的激烈程度与日俱增,为企业带来了前所未有的市场压力和生存挑战。这种压力和挑战,在推动企业不断进行自我革新和升级的同时,也深刻影响着工业经济增长的质量和效率。市场竞争的本质是资源的优化配置和效率的提升。在这一过程中,企业之间的竞争成为一种重要的推动力。为了在激烈的市场竞争中占据有利地位,企业不得不加大科技研发投入,积极引进国内外先进技术和设备。这些举措不仅提高了企业的生产效率,更在产品质量、品种多样性等方面满足了日益变化的市场需求。同时,市场竞争也促使企业加强与高校、科研机构的合作。这种合作不再是简单的技术转让或咨询服务,而是深入到产学研一体化发展的层面。通过共建实验室、联合研发中心、共享科研成果等方式,企业与高校、科研机构之间建立了紧密的合作关系,加速了科技成果的转化和应用。这种合作模式不仅提高了企业的技术水平和创新能力,还推动了整个工业领域的科技进步和产业升级。

市场环境对工业经济增长的影响还体现在市场需求的多样性和变化性上。随着消费者需求的日益多样化和个性化,市场对产品的要求也越来越高。这要求企业必须具备快速响应市场变化的能力,能够及时调整生产策略、创新产品设计和提高服务水平。只有这样,企业才能在激烈的市场竞争中立于不败之地,为工业经济的持续增长贡献力量。市场环境还通过影响企业的融资环境、政策法规等方面对工业经济增长产生作用。在良好的市场环境下,企业更容易获得融资支持,从而有更多的资金用于技术研发和市场拓展。同时,政府也会出台一系列有利于企业发展的政策法规,为企业创造更加公平、透明、便捷的市场环境。这些都有利于提高企业的竞争力,推动工业经济的健康、稳定和持续增长。在市场需求方面,消费者需求的变化引导着工业生产的方向和结构调整。随着消费升级和消费者需求的多样化、个性化发展,企业必须不断推出新产品、新服务来满足市场需求。这要求企业具备敏锐的市场洞察能力和快速的市场响应能力,及时调整产品结构和经营策略。同时,政府也应加强市场监管,维护公平竞争的市场秩序,为工业经济增长创造良好的市环境。

（三）技术创新

技术创新是工业经济增长要素效率的核心驱动力。随着科技的不断进步和创新成果的广泛应用，技术创新对工业经济增长的作用越来越显著。技术创新不仅提高了工业生产的自动化、智能化水平，降低了生产成本和能源消耗，还推动了新产品、新工艺的开发和应用，拓展了工业生产的领域和市场空间。为了推动技术创新和工业经济增长的融合发展，政府应加大对科技创新的投入和支持力度。通过增加科研经费投入、优化科研资源配置、建设创新平台等措施，提高科技创新能力和水平。同时，还应鼓励企业加强与高校、科研机构的合作与交流，推动产学研深度融合和协同创新。这些举措有助于加速科技成果的转化和应用，提高工业经济增长的要素效率。

（四）人力资本

人力资本是影响工业经济增长要素效率的另一个关键因素。随着知识经济的兴起和人才竞争的加剧，人力资本对工业经济增长的作用越来越重要。人力资本不仅提供了工业生产所需的劳动力资源，还是技术创新和产业升级的重要推动力量。高素质的人才队伍能够为工业生产提供智力支持和创新动力；推动工业经济向更高层次、更高质量的方向发展。

为了提高人力资本对工业经济增长的贡献度，政府应加强对教育事业的投入和管理。通过提高教育质量、优化教育结构、培养创新型人才等措施，为工业发展提供源源不断的人才支持。同时，还应建立完善的人才引进和培养机制，吸引国内外优秀人才为本地区的工业发展贡献力量。这些举措有助于提高工业经济增长的要素效率，推动我国工业经济实现高质量发展。

（五）产业结构

产业结构是影响工业经济增长要素效率的另一个重要因素。随着经济的发展和产业的升级，不合理的产业结构已经成为工业经济增长的瓶颈之一。为了优化产业结构和推动产业升级，政府应制定科学合理的产业发展规划，明确产业发展的方向和重点。通过扶持新兴产业、改造传统产业、淘汰落后产能等措施，推动产业结构向更加合理、更加高端的方向发展。同时，还应加强产业链上下游的协同发展和跨区域的产业协作，形成优势互补、协同发展的良好机制。这些举措有助于提高工业经济增长的要素效率，推动我国工业经济实现高质量发展。我国工业经济增长要素效率的综合性影响因素涵盖了政策导向、市场环境、技术创新、人力资本和产业结构等多个方面。为了提高工业经济增长的要素效率,推动我国工业经济实现高质量发展,政府和企业应共同努力,加强政策引导和市场建设,推动技术创新和人才培养,优化产业结构和加强区域合作。只有这样,我们才能在全球竞争日益激烈的背景下,不断提升我国工业经济的整体实力和竞争力。

二、我国工业经济增长要素效率综合性影响因素的区域性分析

为了深入了解这些差异及其成因,将对东部沿海地区、中部地区、西部地区和东北地区四个主要经济区域进行分析。

(一)对东部沿海地区分析

东部沿海地区是我国工业经济最为发达的地区之一,该地区具有得天独厚的地理优势和资源优势,便于开展国际贸易和吸引外资。这使东部沿海地区能够迅速融入全球经济体系,承接国际产业转移,推动工业经济快速发展。该地区的市场化程度较高,政府干预较少,企业自主创新能力较强。此外,东部沿海地区还拥有丰富的人力资本和科技创新资源,为工业经济增长提供了有力的人才保障和技术支持。

然而,随着经济的发展和人口红利的逐渐消失,东部沿海地区也面临着一些挑战。例如,劳动力成本不断上升,环境保护压力日益加大,土地资源日益紧缺等。这些挑战都在一定程度上制约了该地区工业经济的持续增长。因此,东部沿海地区需要加快转型升级,推动工业经济向更高层次、更高质量的方向发展。

(二)对中部地区的分析

中部地区是我国工业经济的重要增长极之一,其工业经济增长要素效率也受到多种因素的影响。该地区具有承东启西、连南接北的区位优势,是连接东部沿海地区和西部内陆地区的重要桥梁和纽带。这使中部地区能够充分利用周边地区的资源和市场优势,推动工业经济快速发展。这些产业和企业为中部地区的工业经济增长提供了有力的支撑和保障。此外,中部地区还拥有丰富的自然资源和劳动力资源,为工业经济增长提供了必要的生产要素和人力资源保障。然而,中部地区在工业经济发展过程中也存在一些问题。例如,产业结构不够优化,创新能力相对较弱,对外开放程度不够高等。这些问题都在一定程度上制约了中部地区工业经济的持续增长。

(三)对西部地区的分析

该地区地理位置偏远,交通不便,信息闭塞,难以有效融入全球经济体系。这使西部地区的工业经济发展受到一定的限制和阻碍,西部地区的工业经济增长缺乏有力的支撑和保障。此外,西部地区还存在人才短缺、科技创新能力不足等问题,制约了工业经济的持续发展。为了推动西部地区的工业经济增长,政府需要加大对该地区的扶持力度,加强基础设施建设,优化投资环境,引导产业转移和升级。同时,西部地区也需要加强自身的发展能力建设,提高人才素质和科技创新能力,培育具有国际竞争力的优势产业和骨干企业。

(四)对东北地区的分析

该地区具有雄厚的工业基础和丰富的资源储备,为工业经济增长提供了必要的物质基础和资源保障。东北地区的市场化程度逐渐提高,政府干预逐渐减少,企业自主创新能力逐渐增强。然而,东北地区在工业经济发展过程中也面临一些问题。例如,产业结构老化、创新能力不足、人才流失严重等。这些问题都在一定程度上制约了东北地区工业经济的持续增长。

为了推动各地区工业经济的协调发展,政府需要制定差异化的区域发展政策,加强区域合作和协同发展,优化资源配置和共享发展成果。同时,各地区也需要根据自身的发展阶段和实际情况,制定符合自身特点的发展战略和政策措施,不断优化工业经济结构和提高工业经济增长质量。

第七章 我国服务业经济增长要素效率的影响因素研究

第一节 我国省域服务业经济增长要素效率影响因素的实证分析

一、我国省域服务业经济增长要素效率影响因素的分析

(一)变量的选择与数据来源

选择我国省域(由于数据不全,不包括西藏)30个省为评价单元,样本区间为1998~2016年。

层一变量:被解释变量,各省服务业增加值对数 lnEY 是用各省2000年为不变价的第三产业增加值(亿元)的对数;数据来自我国统计年鉴。解释变量,lnEK 是服务业固定资产投资存量对数,本章沿袭张军等的研究中运用的永续盘存法来估算资本。其中,服务业的固定资产投资,1998~2005年数据来自固定资产统计年鉴(利用第三产业主要分行业数据合成)与《我国国内生产总值核算历史资料》(1996~2002),2006~2017来自第三产业统计年鉴,已按固定资产投资指数转化为不变价。

表7-1 我国省域服务业的层一变量的样本统计值

变量层次	变量名称	样本数	均值	标准差	最小值	最大值
层一	lnEY	570	7.6100	1.0600	4.5300	10.0600
	lnEL	570	9.1000	1.2200	5.3300	11.5800
	lnEK	570	6.4000	0.8000	4.0300	7.7700

(二)实证结果分析

基于我国各省服务业经济增长的数据,具体按零模型、固定效应模型、随

机系数模型、全模型的顺序,对影响我国省域服务业经济增长要素效率的综合性因素进行分析,并对综合性影响因素进行分阶段分析及稳健性检验。多层统计模型的结果,是使用专业 HLM7.0 软件分析得到的。其中,层一、层二模型中的解释变量都用组中心化后的数据参与运算。由于层一变量的每个随机系数都需要引入 5 个方面 7 个变量探讨其影响程度,但将所有变量都列出来将导致表过于庞大。因此为了便于从整体性、不同时段、不同区域进行比较,本文只对在整体性、不同时段、不同区域 T 值大于 1 的变量在各个表中列出。

1. 我国省域服务业经济增长不同省之间的变异分解

我国省域服务业经济增长在不同省份之间存在显著的变异。为了深入理解这种变异的来源,可以从对数服务业总产值的均值及其差异性入手进行分析。观察到我国 30 个省的对数服务业总产值(lnEY)的均值为 7.613 0。这个均值提供了一个整体的参考点,反映了我国服务业经济增长的平均水平。然而,仅有均值信息并不足以全面揭示各省服务业发展的真实状况,因为不同省份之间可能存在显著的差异。为了进一步探究这种差异性,采用了零模型的随机效应部分进行卡方检验。检验结果表明,30 个省的对数服务业总产值均值确实存在显著性差异。这种差异性的度量可以通过组内相关系数 ρ 来给出,其中 $\rho = 0.7592/(0.7592+0.3896) = 66.09\%$。这意味着约 66.09% 的变异可以归因于省份之间的差异,而剩余的 33.91% 则可能由其他未观测到的因素或随机误差所导致。这种显著的省际差异可能源于多种因素的综合作用。例如,各省的经济基础、资源条件、政策环境、市场需求以及科技创新能力等都可能对服务业经济增长产生重要影响。此外,地理位置、人口结构以及文化差异等也可能导致不同省份在服务业发展上呈现出各自的特色。

2. 我国省域服务业经济增长基本影响要素的作用分析

我国省域服务业经济增长受到多种基本影响要素的作用,这些要素共同构成了服务业发展的支撑体系。

服务业的发展离不开充足的资本支持,这包括基础设施建设、技术研发、市场拓展等方面的投入。各省在服务业资本投入上的差异会直接影响其服务业经济增长速度和规模。资本投入多的省份,往往能够更快地推动服务业的创新和升级,从而在竞争中占据优势。服务业是劳动密集型行业,劳动力的数量和质量对服务业的发展至关重要。人口密集、教育水平高的省份,其服务业劳动力资源丰富,能够支撑起更大规模的服务业经济。同时,高素质劳动力的聚集也有助于提升服务业的整体水平和竞争力。此外,技术进步对服务业经济增长的推动作用日益凸显。随着科技的快速发展,互联网、大数据、人工智能等新技术在服务业中的应用越来越广泛。技术进步不仅提高了服务业的生产效率,还催生了新的服务模式和业态。对于能够紧跟技术潮流、抓住机遇的省份来说,其服务业经济增长的潜力将更大。

3. 我国省域综合性因素对服务业经济增长要素效率的影响分析

我国省域综合性因素对服务业经济增长要素效率的影响是一个值得深入研究的课题。在服务业经济增长的过程中,多种综合性因素相互作用,共同影响着要素效率的提升。首先,我国省域的基础设施建设水平对服务业经济增长要素效率具有显著影响。完善的基础设施能够为服务业提供便捷的交通、通信等条件,降低企业的运营成本,提高服务效率。例如,发达的交通网络能够缩短物流时间,提升服务响应速度,从而增强服务业的竞争力。其次,我国省域的制度创新环境也是影响服务业经济增长要素效率的重要因素。制度创新包括政策法规的完善、市场机制的优化等方面。一个良好的制度创新环境能够激发服务业企业的创新活力,提高市场效率,进而促进服务业经济增长要素效率的提升。再次,我国省域的人力资本积累对服务业经济增长要素效率同样具有重要影响。高素质的人力资本是服务业发展的核心资源,其知识、技能和创新能力是推动服务业升级的关键。我国省域在教育、培训等方面的投入,能够提升人力资本的质量,进而提高服务业的生产效率和服务质量。最后,科技创新能够推动服务业的技术进步,提高服务效率和质量。我国省域在科技创新方面的投入和产出,直接影响着服务业经济增长的潜力和速度。

二、我国省域服务业经济增长效率综合性影响因素的分析

在过去的几十年里,我国经历了快速的经济增长和社会变革。其中,服务业作为经济的重要组成部分,其发展速度和质量直接关系到整体经济的健康和稳定。服务业的增长要素效率,即服务业在利用资源、技术、劳动力等要素时的效率,是决定服务业发展水平的关键因素。因此,对我国省域服务业经济增长要素效率的阶段性分析具有重要的理论和现实意义。

我国作为世界上最大的发展中国家,服务业的发展对于整体经济的增长起到了至关重要的作用。近年来,随着产业结构的不断优化和升级,服务业在国民经济中所占的比重逐渐增加,成为推动经济增长的主要动力之一。然而,服务业的发展并不是一帆风顺的,其经济增长要素效率受到多种因素的影响,本文将从阶段性分析的角度,探讨我国省域服务业经济增长要素效率的综合性影响因素。

（一）阶段性分析框架

为了系统地分析我国省域服务业经济增长要素效率的综合性影响因素，经过深入研究与探讨，构建了一个全面而细致的阶段性分析框架。这一框架不仅涵盖了服务业发展的全过程，还明确了每个阶段的关键要素和特征，为我们理解和推动服务业增长提供了有力的工具。在构建这一框架的过程中，我们首先认识到服务业的发展是一个动态演进的过程，它随着经济的增长、技术的进步和社会的变革而不断变化。因此，我们不能将服务业看作一个静态的、孤立的领域，而应该从发展的角度，将其置于更广阔的经济社会背景中进行考察。

基于这一认识，我们将服务业的发展划分为四个阶段：起步阶段、成长阶段、成熟阶段和创新发展阶段。这四个阶段不仅代表了服务业发展的不同阶段，也反映了我国省域服务业经济增长要素效率提升的不同阶段。

在起步阶段，服务业的发展主要依赖于基础设施的建设和政策的扶持。这一阶段的经济特征表现为服务业规模较小，增长速度较慢，但增长潜力巨大。此时，政府的作用至关重要，需要通过政策引导和基础设施建设来推动服务业的发展。同时，这一阶段的发展重点应放在培育服务业市场、提升服务业从业人员素质等方面，为服务业的后续发展奠定坚实的基础。

随着经济的增长和市场的扩大，服务业进入成长阶段。在这一阶段，服务业的规模迅速扩大，增长速度明显加快，成为经济增长的重要动力。此时，服务业的增长要素效率得到显著提升，但也面临着市场竞争加剧、人才短缺等问题。因此，这一阶段的发展重点应放在提升服务业竞争力、加强人才培养和引进等方面，以推动服务业持续健康发展。

当服务业发展到一定规模后，其增长速度将逐渐放缓，进入成熟阶段。在这一阶段，服务业的经济特征表现为市场份额稳定、增长速度平稳、利润空间缩小。此时，服务业的增长要素效率达到较高水平，但也面临着创新不足、市场饱和等挑战。为了保持服务业的竞争优势，这一阶段的发展重点应放在推动服务业创新、拓展服务业领域等方面，以寻求新的增长点和竞争优势。随着科技的进步和全球化的深入发展，服务业进入创新发展阶段。在这一阶段，服务业的增长要素效率得到进一步提升，服务业态和服务模式不断创新，为经济增长注入新的活力。此时，服务业的发展重点应放在推动科技创新与服务业的深度融合、培育新兴服务业态等方面，以引领服务业发展的新趋势和新方向。

(二)起步阶段

在服务业发展的起步阶段,其经济特征和发展重点具有显著的特殊性。由于历史和现实的种种原因,服务业在这一阶段主要依赖于传统的服务业态,如餐饮、零售等。这些传统业态长期以来构成了服务业的主体,为社会提供了大量的就业机会和经济产出。传统服务业态的一大特点是其对资源和技术的要求相对较低。与制造业或高新技术产业相比,传统服务业并不需要大量的资金投入或高端技术支持。例如,餐饮业主要依赖于食材的供应和厨师的技艺,而零售业则主要依赖于商品的采购和销售技巧。这种相对较低的资源和技术门槛,使得传统服务业能够在经济发展的早期阶段迅速崛起,并占据市场的主导地位。然而,正因为这种低门槛的特征,传统服务业的增长要素效率也相对较低。由于缺乏技术创新和资本积累,传统服务业往往难以实现规模经济和范围经济,导致其生产效率和服务质量难以得到显著提升。此外,传统服务业的市场竞争也相对激烈,价格战、同质化竞争等问题屡见不鲜,进一步削弱了其增长要素效率。

(三)成长阶段

随着经济的持续发展和产业结构的不断优化升级,服务业逐渐摆脱了起步阶段的传统模式,开始向现代化、专业化的方向迈进。这一转变不仅体现在服务业规模的不断扩大,更体现在服务业质的飞跃上。金融、教育、医疗等高端服务业逐渐崛起,成为推动服务业增长的新动力,为经济的持续发展注入了强劲的活力。技术进步为服务业的增长提供了有力支撑。随着信息技术、互联网、大数据等现代科技的广泛应用,服务业的生产效率和服务质量得到了极大提升。例如,在金融业中,互联网金融、移动支付等新兴业态的快速发展,不仅提高了金融服务的便捷性,还降低了交易成本,推动了金融业的创新发展。

其次,专业化分工和协作的深化也促进了服务业的增长要素效率提升。在服务业内部,各个行业和领域之间的分工越来越细,协作越来越紧密。这种分工和协作的深化,使得服务业能够更好地满足市场需求,提供更专业、更优质的服务。同时,也有利于服务业内部的资源整合和优化配置,提高了服务业的整体效率。然而,尽管服务业的增长要素效率得到了显著提升,但在这一阶段也面临着一些挑战和问题。其中,最为突出的是人才短缺和技术创新不足。

(四)成熟阶段

这是服务业发展的一个必经阶段,也是其经济特征和发展重点发生重要变化的阶段。在这一阶段,服务业已经形成了比较完善的市场体系和产业格局,对经济增长的贡献也日益显著。在成熟阶段,服务业的增长要素效率达到了较高水平。经过前期的积累和发展,服务业已经具备了较强的生产能力和服务能力,能够有效地满足市场需求。同时,随着技术的进步和管理的改进,服务业的生产效率和服务质量也得到了显著提升。这种高效率的增长方式,不仅为服务业本身带来了可观的收益,也为整个经济的增长提供了有力支撑。

然而,服务业在成熟阶段也面临着一些挑战。首先,市场竞争加剧是一个突出的问题。随着服务业市场的不断扩大和竞争的加剧,企业之间的竞争越来越激烈。为了争夺市场份额和客户资源,企业不得不加大投入,提高服务质量,降低价格,这使得企业的利润空间受到压缩。其次,创新能力下降也是一个需要关注的问题。在成熟阶段,服务业的增长主要依靠现有技术和模式的优化和改进,而缺乏突破性的创新。这导致服务业的发展缺乏新的增长点和竞争优势,难以适应市场需求的快速变化。技术创新是提升服务业竞争力的关键。通过研发新技术、应用新模式、拓展新领域,可以推动服务业的创新发展,提高其生产效率和服务质量。同时,技术创新也可以为服务业带来新的增长点和竞争优势,帮助其在激烈的市场竞争中立于不败之地。

人才培养也是服务业发展的重要保障。在成熟阶段,服务业的发展更加依赖于高素质、专业化的人才队伍。因此,需要加强人才培养和引进工作,提高从业人员的素质和能力水平。通过建立完善的人才培养体系、加强校企合作、实施人才引进计划等措施,可以为服务业的发展提供强有力的人才支撑。政府也应发挥积极作用,为服务业的成熟阶段发展创造良好环境。可以通过制定相关政策,鼓励企业加大技术创新投入,支持人才培养和引进工作。同时,还应加强市场监管,维护市场秩序和公平竞争,为服务业的发展提供有力保障。当服务业发展到一定规模后,进入成熟阶段是其发展的必经之路。在这一阶段,虽然服务业的增长要素效率达到了较高水平,但也面临着市场竞争加剧、创新能力下降等挑战。为了保持服务业的竞争优势,需要进一步加强技术创新和人才培养工作。只有这样,才能推动服务业的持续健康发展,为经济的增长和社会的进步做出更大贡献。

(五)创新发展阶段

1. 创新发展阶段

随着科技的迅猛进步和全球化的深入发展,服务业迎来了一个崭新的阶段——创新发展阶段。在这一阶段,服务业展现出了前所未有的活力和潜力,成为推动经济增长的重要引擎。科技进步为服务业的创新发展提供了强大的动力。互联网、大数据、人工智能等现代科技的广泛应用,极大地改变了服务业的面貌。例如,在零售领域,电子商务的兴起使得消费者可以足不出户地购买世界各地的商品,大大提高了购物的便捷性和效率。在金融领域,移动支付、区块链等技术的应用,正在重塑传统的金融服务模式,提供更加安全、高效的金融交易体验。

除了科技进步,全球化也为服务业的创新发展提供了广阔的空间。随着国际贸易和投资的自由化便利化,服务业的跨国界发展日益普遍。越来越多的企业开始拓展海外市场,提供全球化的服务。这不仅为企业带来了更多的市场机会和利润空间,也促进了全球服务业的繁荣和发展。

2. 在创新发展阶段,服务业的增长要素效率得到进一步提升

通过技术创新和模式创新,服务业实现了生产效率和服务质量的双重提升。一方面,现代科技的应用使得服务业的生产过程更加智能化、自动化,降低了成本,提高了效率。另一方面,创新的服务模式和服务业态为消费者提供了更加多样化、个性化的服务选择,满足了不同消费群体的需求。服务业态和服务模式的不断创新,为经济增长注入了新的活力。新兴服务业态如共享经济、平台经济等,以其独特的商业模式和创新的服务方式,迅速占领了市场份额,成为经济增长的新动力。这些新兴业态不仅为消费者提供了便捷、高效的服务,也为企业带来了新的商业机会和盈利模式。

同时,服务业的创新发展还带动了相关产业的协同发展。例如,互联网+教育、互联网+医疗等新兴业态的发展,不仅推动了教育和医疗行业的变革,也带动了信息技术、大数据等相关产业的发展。这种跨界融合和创新发展,形成了良性的产业生态链,为经济的持续增长提供了有力支撑。然而,服务业的创新发展也面临着一些挑战和问题。例如,新技术的应用可能带来数据安全和隐私保护等问题;新兴业态的发展可能对传统服务业造成冲击等。因此,在推动服务业创新发展的同时,也需要加强监管和规范,确保服务业的健康有序发展。随着科技的进步和全球化的深入发展,服务业进入创新发展阶段,展现出前所未有的活力和潜力。同时,也需要关注并解决服务业创新发展中面临的挑战和问题,确保服务业的持续健康发展。

第二节 我国服务业经济增长要素效率影响因素的实证分析

一、我国服务业经济增长要素效率综合性影响因素的分析

(一)变量选择与数据来源

我国省域服务业经济增长要素效率影响因素的实证分析的层一模型的变量值为每个省在一定年度区间每年的劳动力投入、资本投入,即体现的是一定年度区间每个省的时间序列特征。我国服务业经济增长要素效率影响因素的实证分析的层一模型的变量值为每个年度各省的劳动力投入、资本投入,即体现的我国各省的截面数据特征。我国省域服务业经济增长要素效率影响因素的实证分析主要关注不同区域间效率的差异及综合性变量对区域间效率的差异的影;我国服务业经济增长要素效率影响因素的实证分析主要关注不同年度间效率的差异及综合性变量对年度间效率的差异的影响。

(二)实证结果分析

1. 我国服务业经济增长年度之间的变异分解

(1)时间序列上的波动性解析

在考察我国服务业经济增长的过程中,首先需要关注的是时间序列上的波动性。这种波动性不仅反映了服务业经济增长的稳定性和可持续性,同时也揭示了各种经济政策和市场环境变化对服务业增长的影响。通过对历年服务业经济增长数据的变异分解,我们可以观察到增长率的波动范围、周期性和趋势性变化。例如,在某些年份,服务业经济增长可能呈现出显著的峰值,这可能与当时的政策激励、市场需求扩大或技术创新等因素密切相关。相反,增长率的波谷则可能反映了市场环境的不利变化或政策调整的负面影响。因此,深入分析时间序列上的波动性对于理解服务业经济增长的动力学机制至关重要。

(2)结构性因素导致的增长差异

还需要关注服务业内部不同行业之间的增长差异。这种差异在很大程度上是由结构性因素造成的。随着信息技术的快速发展,一些传统服务业可能面临衰退,而新兴服务业如互联网金融、大数据分析等则可能呈现出爆发式增长。通过对服务业内部各行业的经济增长进行变异分解,我们可以更清晰地

看到哪些行业是增长的"领头羊",哪些行业则可能成为未来的增长点。这种结构性分析不仅有助于政策制定者更精确地把握服务业的发展方向,还能为投资者提供有价值的行业选择依据。

(3)区域发展不均衡性的影响

在分析我国服务业经济增长的变异分解时,区域发展不均衡性是一个不容忽视的因素。由于地理位置、资源禀赋、经济发展水平等多种原因,我国各地区的服务业经济增长呈现出显著的差异性。通过对不同地区服务业经济增长的变异分解,我们可以更深入地理解这种区域差异性的成因及其影响。这不仅有助于中央政府制定更加精准的区域发展政策,还能为地方政府提供有针对性的发展策略建议。

2. 我国服务业经济增长基本影响要素的作用分析

基本要素对服务业经济增长的影响可由固定效应(变截距)模型分析得到固定效应模型的结果见表7-1。

表7-1 影响因素

影响因素	系数	经济增长变化(%)
劳动力投入	0.863 8	0.863 8
资本投入	0.182 4	0.182 4

我国服务业经济增长受到多个基本影响要素的共同作用,其中劳动力投入和资本投入是两个核心要素。近期的研究数据显示,劳动力投入和资本投入的系数均为正向显著,表明对服务业经济增长具有显著的促进作用。这一结果凸显了人力资源在服务业中的重要作用。服务业是一个劳动密集型行业,优质的服务往往依赖于员工的专业技能和良好态度,因此,增加劳动力投入可以直接提升服务的数量和质量,进而推动经济增长。同样,资本投入的系数也为正向显著,说明资本投入对服务业经济增长具有积极影响。研究显示,资本投入每增加1%,经济增长将增加0.1824%。虽然其影响程度相对于劳动力投入较小,但同样不可忽视。资本投入的增加可以用于提升服务设施、引进先进技术和管理经验,从而提高服务效率和质量,为服务业经济增长提供有力支持。

3. 我国服务业经济增长要素效率异质性检验

在实证研究中,主要关注劳动力、资本和技术等核心投入要素。通过精细的数据处理和分析,发现这些要素在推动服务业经济增长时,其效率确实存在显著的异质性。具体来说，劳动力要素在服务业中的效率呈现出地区和行业间的差异。在发达地区和高端服务行业中，高素质劳动力的聚集使得劳动力要素的效率显著提高。相比之下，在欠发达地区和传统服务行业中，劳动力要素的效率则相对较低。同样，资本要素的效率也存在异质性。在技术密集型和知识密集型的服务行业中，资本投入能够迅速转化为生产力，推动经济增长。而在一些传统服务行业中，由于技术水平和创新能力的限制，资本投入的效率则相对较低。随着信息技术的快速发展，一些新兴服务业如互联网金融、大数据分析等领域，技术投入带来了巨大的经济效益。然而，在一些传统服务行业中，由于技术更新缓慢，技术投入的效率并不高。通过实证数据的分析，验证我国服务业经济增长要素效率异质性的存在。这一发现对于优化服务业资源配置、提高经济增长质量具有重要意义。未来，政府和企业应更加注重提高各要素的使用效率，推动服务业的均衡和可持续发展。

4. 我国综合性因素对服务业经济增长要素效率的影响分析

（1）综合性因素对剩余全要素生产率影响

城市化、金融结构是正向显著影响因素，表明城市化、金融结构水平高的年度剩余全要素生产率高。之所以能促进全要素生产率的提高，是由于市场化促进经济规模效率的提高；金融结构水平的提高可以改善资本配置效率。外商直接投资、金融规模是负向显著影响因素，表明外商直接投资越多、金融规模越大的年度全要素生产率越低。其具体影响程度为，外商直接投资提高0.1个单位，全要素生产率将降低0.037 92；金融规模扩大0.1个单位，全要素生产率将降低0.009 44。之所以会阻碍全要素生产率的提高，是由于外商直接投资对国内投资具有一定的挤出效应；中国当前以国有大银行为主导的金融体系的发展模式对民营经济的发展产生了一定的挤出效应。

（2）对劳动力产出效率的影响分析

金融结构为正向显著影响因素。表明金融结构均值大的年度劳动力产出效率均值大。外商直接投资、产业结构高级化、金融规模为负向显著影响因素，表明外商直接投资多、产业结构高级化水平高、金融规模程度高的年度劳动力效率低。产业结构高级化提高0.1个单位，劳动力产出效率将降低0.033 47；金融规模提高0.1个单位，劳动力产出效率将降低0.009 14。同时，由于劳动力系数与外商直接投资、产业结构高级化、金融规模的系数符号相反，因此外商直接投资、产业结构高级化、金融规模水平的提高将削弱劳动力与GDP之间的正向关系。之所以会阻碍劳动力产出效率的提高，是由于金融水平的发展导致劳动资金比进一步降低。

二、我国服务业经济增长要素效率综合性影响因素的区域性分析

(一)东部地区分析

1. 实证结果分析

(1)东部地区服务业经济增长年度之间的变异分解

实证结果分析显示,我国东部地区服务业总产值的对数均值达到了 8.142 9,这表明在该地区服务业的经济贡献占据重要地位。然而,通过零模型的随机效应部分的卡方检验,我们发现对数均值在不同年度间存在显著性差异。这种差异并非偶然,而是由多种因素共同作用的结果。进一步分析显示,组内相关系数 ρ 达到了 34.59%,这意味着东部地区各省服务业总产值对数均值在 1998~2016 年间的差异,有相当一部分(约三分之一)需要通过二层变量来解释。具体到研究背景,这些二层变量包括中国东部地区经济环境中的市场化进程、对外开放程度、金融发展状况、城市化水平以及产业结构变迁等。这些因素不仅在宏观层面上对服务业经济增长产生深远影响,而且在一定程度上决定了各地区服务业发展的差异性和不平衡性。

因此,在研究 1998~2016 年中国东部地区服务业经济增长时,必须引入这些二层变量,以便更全面、准确地揭示服务业经济增长的内在规律和影响因素。这样的分析不仅有助于我们深入理解服务业发展的动力机制,也为政策制定者提供了有价值的参考,以制定更加科学、合理的服务业发展政策。

(2)东部地区服务业经济增长基本影响要素的作用分析

中国东部地区服务业经济增长基本影响要素的作用分析中,我们明显看到劳动力投入和资本投入的显著正向影响。这一发现揭示了这两个要素在推动东部地区服务业经济增长中的关键作用。这一增长比例是相当可观的,凸显了人力资源在服务业中的重要地位。在东部地区,服务业占据了经济的较大比重,而优质的服务往往依赖于专业、高效的劳动力。因此,增加劳动力投入,特别是在专业技能的提高和服务态度上的改善,能够直接推动服务业的经济增长。当资本投入增加 1% 时,经济增长将增加 0.227 9%。虽然这一比例相较于劳动力投入的影响稍小,但其在推动服务业经济增长中的作用仍不可忽视。资本的增加可以用于提升服务设施、引进新技术、优化服务流程等,从而提升服务效率和质量,为服务业经济增长注入新的动力。

2. 东部地区综合性因素对服务业经济增长要素效率的影响分析

（1）综合性因素对剩余全要素生产率的影响分析

产业结构合理化是负向显著影响因素，表明产业结构合理化水平高的省份全要素生产率越低，其具体影响程度为，产业结构合理化提高0.1个单位，全要素生产率将降低0.381 54。市场化进程、城市化、金融规模都是正向显著影响因素，表明市场化进程快、城市化水平高、金融规模的年度剩余全要素生产率高。其具体影响程度为，市场化程度加快1个单位，全要素生产率将提高0.109 4。之所以能促进全要素生产率的提高，是由于市场化进程的推进改善了资源配置效率。城市化有利于规模经济效率的提高。

（2）对劳动力产出效率的影响分析

金融结构为正向显著影响因素，表明金融结构均值大的省份劳动力产出效率均值大。外商直接投资为负向显著影响因素，表明外商直接投资多的省份劳动力效率低。同时，由于劳动力系数与外商直接投资的系数符号相反，因而外商直接投资水平的提高将削弱劳动力与GDP之间的正向关系。之所以会阻碍劳动力产出效率的提高，是由于外商直接投资对国内的劳动力会产生一定的挤出效应。

（3）综合性因素对资本产出效率的影响分析

外商直接投资、对外贸易是正向显著影响因素，这表明外商直接投资、对外贸易水平高的省份资本产出效率高。对外贸易提高0.1个单位，资本产出效率将增加0.010 2 5。同时，由于资本系数与外商直接投资、对外贸易的系数符号相同，因而外商直接投资对外贸易水平的提高将加强资本与GDP之间的正向关系。金融结构是负向显著影响因素，表明金融结构程度高的省份资本产出效率低。同时，由于资本系数与金融结构的系数符号相反，因而金融结构水平的提高将改变资本与GDP间的正向关系。

（二）对中部地区分析

1. 实证结果分析

中部地区作为中国版图的中心地带，涵盖了河南、湖北、湖南等多个重要省份。这一区域历来被视为中国经济发展的重要支撑点，不仅因为其地理位置的特殊性，更因为其丰富的资源和巨大的市场潜力。然而，在服务业经济增长要素效率方面，中部地区与东部沿海地区相比仍存在一定的差距，但这也并不意味着中部地区没有自身的优势和发展潜力。

中部地区具有承东启西的区位优势。中部地区地处中国内陆腹地，不仅是连接东西部地区的桥梁和纽带,也是南北交通的重要枢纽。这种地理位置使得中部地区在承接东部沿海地区产业转移方面拥有得天独厚的条件。随着东部沿海地区产业结构的升级和转型,一些传统服务业和制造业开始向内陆地区转移,中部地区凭借其便捷的交通和丰富的资源,成为这些产业转移的首选之地。同时,中部地区还可以利用其地理优势,积极拓展西部市场,将服务业的触角延伸到更广阔的领域。中部地区拥有丰富的自然资源和人力资源。这些资源为服务业的发展提供了有力的保障。在旅游领域,中部地区拥有众多著名的旅游景点和文化遗产,如河南的洛阳、湖北的武汉、湖南的张家界等,这些地方吸引了大量的国内外游客,为当地服务业带来了巨大的收益。

2. 我国中部服务业经济增长年度之间的变异分解

从宏观层面来看,中部地区服务业的经济增长呈现出稳步上升的趋势。然而,在这一总体趋势中,年度之间的增长率却存在一定的变异。这种变异可能来源于多种因素,包括但不限于市场需求的变化、政策环境的调整以及技术进步等。为了量化这种变异,我们可以采用标准差或变异系数等指标来进行衡量。以变异系数为例,它反映数据的离散程度,可以用来比较不同年份服务业经济增长率的波动情况。通过分析这些波动,我们可以更深入地了解中部地区服务业经济增长的稳定性和可持续性。实证分析方面,可以收集中部各省的服务业增加值数据,并计算其年度增长率。然后,利用统计软件计算这些增长率的变异系数,从而得出服务业经济增长的年度变异情况。

中部地区服务业经济增长的年度变异受到多种因素的影响。其中,市场需求的变化是一个重要因素。随着消费者需求的不断升级和多样化,服务业的增长动力也在不断变化,这直接导致了年度增长率的波动。技术进步也是影响服务业经济增长变异的一个重要因素。随着科技的不断发展,新的服务业态和模式不断涌现,这为服务业的增长提供了新的动力。然而,新技术的应用和推广也需要一定的时间,这可能导致服务业增长率在短期内出现波动。

(三) 对西部地区

1. 实证分析

西部地区,包括四川、陕西、云南等多个省份,是中国经济版图中相对落后的区域。由于历史、地理等多方面的原因,这些地区在经济发展上面临着诸多挑战。特别是在服务业领域,其经济增长要素效率普遍较低,与东部沿海地区存在明显的差距。然而,这并不意味着西部地区没有发展的潜力和机会。基础设施薄弱是制约西部地区服务业发展的一个重要因素。

2. 西部地区综合性因素对服务业经济增长要素效率的影响分析

随着我国经济的不断发展,服务业在国民经济中的地位日益重要。西部地区作为我国经济发展相对滞后的区域,其服务业经济增长要素效率的提升对于缩小区域发展差距、促进经济均衡发展具有重要意义。

西部地区地理位置偏远交通不便,这在一定程度上制约了服务业的发展。随着近年来国家对西部地区基础设施的大力投入,尤其是交通基础设施的改善,为西部服务业经济增长提供了有力支撑。交通的便捷性不仅降低了物流成本,提高了市场效率,还促进了人员流动和信息交流,为服务业的创新和发展创造了条件。实证分析显示,交通基础设施的完善与服务业经济增长要素效率之间存在显著的正相关关系。例如,高速铁路、高速公路等交通网络的建成,极大地缩短了西部地区与东部发达地区的时空距离,为西部服务业企业拓展市场、引进技术和管理经验提供了便利。因此,地理位置与交通基础设施是影响西部服务业经济增长要素效率的重要因素之一。

西部地区拥有丰富的自然资源和文化资源,这些资源为服务业的发展提供了独特的优势。例如,西部地区拥有众多的自然景观和历史文化遗址,为旅游业的发展提供了得天独厚的条件。同时,丰富的矿产资源和农业资源也为相关服务业如物流、仓储等提供了广阔的发展空间。然而,西部地区的产业结构相对单一,过度依赖传统资源型产业,这在一定程度上限制了服务业的发展。为了提升服务业经济增长要素效率,西部地区需要加快产业结构调整,推动传统产业升级转型,同时大力发展现代服务业,如金融、信息技术、商务服务等。通过优化产业结构,提高服务业在国民经济中的比重,可以有效促进西部地区服务业经济增长要素效率的提升。

第八章 泛珠三角区域经济增长要素效率的影响因素研究

第一节 泛珠三角区域省域经济增长要素效率影响因素的实证分析

一、泛珠三角区域省域经济增长要素效率综合性影响因素的分析

(一) 变量的选择与数据来源

选择泛珠三角区域9省(福建、广东、广西、贵州、海南、湖南、江西、四川、云南)为评价单元,样本区间为1998—2016年。

表8-1 泛珠三角区域省域层一、层二变量的样本统计值

变量层析	变量名称	样本数	均值	标准差	最小值	最大值
层一	lnEGDP	171	8.5500	1.0300	6.1000	10.9700
	lnEK	171	9.5000	1.1500	6.8900	11.8300
	lnEH	171	2.1200	0.1300	1.7600	2.3500
层二	MAR	9	5.0400	1.1300	3.6300	7.2100
	FDI	9	0.5700	0.6400	0.1100	2.0500
	IE	9	0.2900	0.3900	0.0600	1.2400

深入观察表8-1所展示的数据,我们可以清晰地看到泛珠三角区域在1998年至2016年间,各省的层一变量与层二变量均呈现出较大的差异性。这种差异性在经济指标和结构因素上均有显著体现。国内生产总值的对数、资本投入的对数、劳动力投入的对数、人力资本的对数以及技术创新的对数,这些关键的经济指标在不同省份之间均存在较大的差异。这反映了泛珠三角区域内各省在经济发展速度、资本积累、劳动力资源配置、人才储备以及科技创

第八章　泛珠三角区域经济增长要素效率的影响因素研究

新活跃度上的不平衡性。有的省份可能因为地理位置优越、政策支持力度大或历史积累深厚，而在这些方面表现出色；而有的省份则可能因为种种原因相对滞后。在层二变量方面，市场化进程、外商直接投资、贸易开放、产业结构合理化、产业结构高级化、城市化、金融结构以及金融规模等因素，也展现出了显著的省际差异。这些结构性的差异进一步加深了泛珠三角区域内部各省经济发展的复杂性和多样性。市场化进程的快慢、外商直接投资的多少、贸易开放的程度、产业结构的优化与否、城市化的推进速度以及金融体系的健全度，都在不同程度上影响着各省的经济增长轨迹和未来发展潜力。泛珠三角区域内部各省在经济发展和结构性因素上的差异性不容忽视。这些差异既是挑战也是机遇，在协调区域发展方面具有宝贵的多元性和互补性。在未来的发展道路上，如何更好地整合区域资源、促进省际合作与交流、实现共同繁荣，将是泛珠三角区域面临的重要课题。

（二）实证结果分析

为了深入探究泛珠三角区域高质量经济增长要素效率的综合因素，我们采用了多层统计模型，并依次进行了零模型、固定效应模型、随机效应模型以及全模型的分析。这些分析均基于专业的 HLM7.0 软件，确保了数据的准确性和分析的科学性。在模型构建过程中，我们对层一与层二模型中的解释变量都采用了去中心化后的数据进行运算。这样做的目的是消除数据间的共线性，使模型结果更为准确。同时，由于成层变量的每个随机系数都需要从多个方面、多个变量中探讨其影响程度，我们精选了 5 个方面 7 个变量作为代表，以避免表格过于庞大而难以阅读。

在分析过程中，我们不仅关注整体性的影响因素，还对不同时段、不同区域进行了细致的比较。为了确保结果的稳健性，我们对所有模型都进行了稳健性检验。这种分阶段、多维度的分析方法，有助于我们更全面地理解泛珠三角区域经济增长的动因和机制。此外特别注意到，只要有一处 t 值大于 1 的变量，就在各个表中列出。这样做的目的是突出那些对经济增长有显著影响的因素，便于读者快速把握关键信息。同时，这也为我们的后续研究提供了重要的线索和参考。通过多层统计模型的分析，我们对泛珠三角区域高质量经济增长要素效率的综合因素有了更深入的认识。这为制定更具针对性的经济政策、推动区域协调发展提供了有力的数据支持。

在对泛珠三角区域 9 省的经济增长进行深入分析时，我们采用了多层统计模型，并特别关注了固定效应部分和随机效应部分所揭示的信息。根据固定效应部分数据，我们可以看到泛珠三角区域 9 省的 GDP 对数平均值为

8.550 0,这一数字为我们提供了一个整体的经济增长基准。这种差异并非偶然,而是反映了各省在经济结构、政策导向、资源配置等方面存在的深层次差异。为了量化这种差异的来源,我们计算了组内相关系数 P,结果为 66.24%。这意味着,各省 GDP 对数平均值的差异中,有高达 66.24% 的部分可以用二层变量来解释。换句话说,二层变量,如政策环境、产业结构、投资状况等,在塑造各省经济增长差异中起到了决定性作用。

相比之下,只有 33.76% 的差异可以用一层变量来解释。一层变量通常包括那些直接影响企业或个人经济活动的因素,如劳动力投入、资本存量等。这一发现进一步强调了,在研究泛珠三角区域省域经济增长时,不能仅仅局限于一层变量的分析,必须引入二层变量,以更全面、更深入地理解经济增长的动因和机制。泛珠三角区域各省的经济增长存在显著差异,而这种差异主要由层二变量所驱动。在未来的研究中,我们应更加关注这些层二变量,以期找到促进区域协调发展的有效途径。

(三)泛珠三角区域省域经济增长基本影响要素的作用分析

泛珠三角区域,作为我国经济版图中的一个重要区域,涵盖了多个省域,具有显著的经济增长潜力。在分析其省域经济增长时,我们必须深入探讨其背后的基本影响要素,以揭示它们如何共同作用于该地区的经济增长。

基础设施是泛珠三角区域省域经济增长的基石。基础设施的建设和完善,特别是交通、能源和通信等方面,对于促进区域内部的经济活动和资源流动至关重要。例如,发达的交通网络可以加强不同省域之间的贸易联系,降低物流成本,从而提高整个区域的经济效率。同样,稳定的能源供应和高效的通信设施也是吸引投资、推动产业升级的关键因素。

人力资源作为经济增长的核心要素,在泛珠三角区域的省域经济中发挥着重要作用。这一地区拥有丰富的人力资源,包括高素质的劳动力和专业技能人才。通过教育和培训,这些人力资源可以转化为生产力,推动技术创新和产业升级。同时,人力资源的流动和配置也影响着区域经济的结构和效率。因此,制定合理的人力资源政策,吸引和留住人才,是泛珠三角区域各省实现经济增长的关键。

资本投入是泛珠三角区域省域经济增长的另一重要驱动力。无论是固定资产投资还是研发经费的投入,都对经济增长产生直接和间接的影响。固定资产投资可以扩大生产能力,提升产业技术水平;而研发经费的投入则可以推动创新,培育新的经济增长点。然而,资本投入并非越多越好,其效率和使用方向同样重要。因此,泛珠三角区域各省在加大资本投入的同时,还需注重优化投资结构和提高投资效率。

此外,政策环境对于泛珠三角区域省域经济增长的影响也不容忽视。政策环境包括产业政策、财政政策和创新政策等多个方面。这些政策通过影响市场主体的行为选择,进而对经济增长产生作用。例如,产业政策可以引导资本和劳动力流向特定产业,推动产业结构优化升级;财政政策则可以通过调节税收和支出来影响总需求和总供给的平衡;而创新政策则可以激发创新活力,提高经济增长的潜在动力。

对外开放是泛珠三角区域省域经济增长的重要外部因素。随着全球化的深入发展,对外开放对区域经济增长的影响日益显著。泛珠三角区域各省通过参与国际分工和合作,可以充分利用外部资源和市场,推动经济快速增长。同时,对外开放还可以带来技术溢出、管理经验等非物质性收益,进一步提升区域经济的国际竞争力。

泛珠三角区域省域经济增长的基本影响要素包括基础设施、人力资源、资本投入、政策环境和对外开放等多个方面。这些要素相互关联、相互作用,共同构成了推动该地区经济增长的动力系统。在未来的发展中,泛珠三角区域各省应充分发挥这些要素的作用,加强区域合作和协调发展,以实现经济的持续、健康和快速增长。

(四)泛珠三角区域省域综合性因素对要素效率的作用分析

泛珠三角区域,作为我国南部及西南部的重要经济区域,涵盖了多个具有不同经济特色和发展水平的省域。这一区域内的要素效率,不仅受到单一因素的影响,更是多种因素综合作用的结果。因此,对泛珠三角区域省域综合性因素对要素效率的作用进行深入分析,对于理解该区域的经济增长模式和推动其持续发展具有重要意义。泛珠三角区域省域综合性因素对要素效率的作用机制是多方面的。首先,经济基础和资源禀赋决定了各省域的要素投入能力和产业选择范围,进而影响到要素的配置效率和使用效率。其次,产业结构和技术水平通过影响生产要素的组合方式和利用效率来作用于要素效率。

1. 泛珠三角区域省域综合性因素对截距(剩余全要素生产率)的影响分析

市场化进程、对外贸易、产业结构合理化、金融结构是正向显著影响因素,表明市场化程度高、产业结构合理化程度高、金融结构水平高的省份剩余全要素生产率高。产业结构合理化有利于要素资源在效率差异部门之间流动;金融结构水平的提高可以改善资本配置效率。外商直接投资是负向显著影响因素,表明外商直接投资越多的省份剩余全要素生产率越低。

2. 综合性因素对资本产出效率的影响分析

在深入探讨经济增长的影响因素时,我们不难发现产业结构合理化在其中扮演着举足轻重的角色。最新经济分析数据表明,产业结构合理化是一个正向显著影响因素,对资本产出效率有着直接且积极的影响。具体来说,产业结构合理化程度高的省份,其资本产出效率也相应较高。当产业结构合理化程度提高 0.1 个单位时,资本产出效率将提高 0.041 17 个单位。这一数据清晰地揭示了产业结构优化调整对提升经济效益的重要性。同时,值得注意的是,资本系数与产业结构合理化的系数符号相同,这表明产业结构合理化的提高不仅不会削弱资本与 GDP 之间的正向关系,反而会加强这种关系。换句话说,随着产业结构的不断优化,资本投入将更为高效地转化为经济增长动力,从而推动 GDP 快速提升。主要是因为产业结构合理化能够促进要素资源更合理地流动。在产业结构合理化的过程中,资源将更多地流向高效率、高附加值的产业部门,从而提高整体经济的运行效率。同时,这种优化调整还能有效减少资源浪费和产能过剩等问题,进一步提升资本产出效率。产业结构合理化对资本产出效率具有显著的正向影响,是推动经济增长的重要动力之一。因此,在制定经济政策时,应充分重视产业结构优化调整的作用,以促进经济的持续健康发展。

3. 综合性因素对人力资本产出效率的影响分析

产业结构合理化、金融结构是正向显著影响因素,表明产业结构合理化、金融结构均值大的省份人力资本产出效率均值大。之所以会阻碍人力资本产出效率的提高,是由于出口产品大部分是劳动和资源密集型产品,不需要较高的人力资本。产业结构高级化、城市化为负向显著影响因素,表明产业结构高级化、城市化水平高的省份技术创新产出效率低。之所以会阻碍技术创新产出效率的提高,是由于虚拟经济与实体经济缺乏协调性,土地城市化快于人口城市化。

(五)稳健性检验

1. 基本影响要素作用的稳健性检验

在进行基本影响要素作用分析时,为了确保结果的稳定性和可靠性,我们采用了固定效应(变截距)模型进行稳健性检验。这一检验方法能够帮助我们识别并控制那些不可观测的、但与解释变量相关的异质性因素,从而更准确地估计各要素对经济增长的影响。基于泛珠三角区域省域数据,我们进行了这一稳健性检验。在检验过程中,我们特别关注了模型中的关键解释变量,包括

第八章 泛珠三角区域经济增长要素效率的影响因素研究

资本投入、劳动力投入、技术创新等要素。通过对比不同模型下的估计结果，我们发现这些要素对经济增长的影响在方向和显著性上均保持一致，这进一步验证了我们的初步分析结论。通过固定效应模型的稳健性检验，我们进一步确认了基本影响要素在经济增长中的重要作用。这为后续的政策制定和区域协调发展提供了有力的数据支持和分析依据。因此，从随机效应模型来看，各变量的结果具有稳健性。

2. 综合性因素作用的稳健性检验

全模型分析在稳健性检验中扮演着至关重要的角色。它不仅能够综合考虑多个解释变量对被解释变量的影响，还能够揭示变量之间的相互作用和潜在的非线性关系。在泛珠三角区域的背景下，全模型分析允许我们纳入更广泛的省域数据，包括经济增长率、投资规模、劳动力素质、研发投入、政策变动等，从而更准确地捕捉综合性因素对要素效率的作用。综合性因素作用的稳健性检验可由全模型分析得到。基于泛珠三角区域省域数据，得到稳健性检验的结果。在进行全模型分析之前，数据的选择和处理是至关重要的。我们选取了泛珠三角区域多个省域的历史数据，这些数据涵盖了经济增长、资源配置、技术创新、政策实施等关键领域。为了确保数据的准确性和可比性，我们进行了严格的数据清洗和标准化处理，消除了异常值和缺失数据的影响。此外，我们还采用了多种统计方法来检验数据的稳定性和可靠性，确保它们能够真实反映泛珠三角区域的经济现实。

二、泛珠三角区域省域经济增长要素效率综合性的阶段性影响分析

这些影响因素在不同的发展阶段呈现出不同的特点和作用机制。因此，对泛珠三角区域省域经济增长要素效率综合性影响因素进行阶段性分析，有助于更深入地理解该区域经济增长的动力和机制，为制定更有效的经济政策提供科学依据。

（一）初期发展阶段：资源禀赋与基础设施建设

这一时期，各省域的经济增长主要依赖于对自然资源的有效开发和基础设施的大规模建设。资源禀赋在很大程度上直接决定了各省域的产业选择和要素投入方向。泛珠三角区域内的各个省份，由于地理位置、地质构造和气候条件等自然因素的差异，所拥有的自然资源也各不相同。一些煤炭大省，拥有丰富的煤炭资源，因此能够快速发展煤炭开采、煤化工等资源密集型产业。这些产业不仅吸引了大量的资本投入，还聚集了大量的劳动力，形成了产业集聚

效应,带动了当地经济的快速增长。同样,拥有丰富矿产资源的省份也能够依托矿产资源开发相关产业,实现经济的跨越式发展。

自然资源的开发利用不仅为当地经济增长提供了强有力的支撑,同时也提高了要素效率。一方面,资源的开发利用促进了生产要素的优化配置。在资源密集型产业的发展过程中,资本、劳动力等生产要素不断向高效率的部门和企业流动,提高了生产要素的配置效率。另一方面,资源的开发利用也推动了技术进步和产业升级。

基础设施建设对于提高要素效率也起到了至关重要的作用。在泛珠三角区域的初期发展阶段,各省域的基础设施建设相对滞后,交通不便、能源供应不足、通信不畅等问题成为经济发展的瓶颈。这些问题不仅限制了生产要素的流动和配置效率,还增加了企业的生产成本和交易成本,降低了整体经济的运行效率。因此,在这一阶段,加大基础设施建设的投入成为提升要素效率的重要途径。大规模的基础设施建设可以完善交通网络、提高能源供应能力、优化通信设施等,为生产要素的自由流动和高效配置创造良好条件。同时,基础设施建设还能够带动相关产业的发展,形成产业链和产业集群效应,进一步推动经济增长和要素效率的提升。在基础设施建设过程中,政府应发挥主导作用,加强规划和引导,确保基础设施建设的科学性和合理性。同时,还应积极引入社会资本和市场机制,形成多元化的投资主体和融资模式,提高基础设施建设的效率和质量。此外,还应加强区域合作和协调发展,避免基础设施建设的重复和浪费,实现资源的共享和优化配置。通过有效开发利用自然资源和加强基础设施建设,推动经济增长和要素效率的提升,为泛珠三角区域的持续发展奠定坚实基础。

(二) 中期发展阶段:产业结构优化与技术进步

随着经济的持续繁荣,泛珠三角区域已稳步迈入了中期发展阶段。在这一重要的历史节点上,区域的发展动力和结构正在发生深刻的变化。尤为引人注目的是,产业结构优化和技术进步已逐渐上升为影响要素效率的两大核心要素,它们在塑造区域经济增长模式、提升经济质量上发挥着举足轻重的作用。

在泛珠三角区域的初期发展阶段,受益于丰富的自然资源和劳动力优势,传统产业如制造业、重工业等得以迅速发展,为区域经济的起飞奠定了坚实的基础。然而,这些产业在带来经济增长的同时,也伴随着资源消耗大、环境污染重、产品附加值低等一系列问题。随着时间的推移,资源的日益紧缺和环境压力的不断增大,使传统产业的竞争优势逐渐减弱,甚至成为制约经济发展的瓶颈。在这一背景下,泛珠三角区域各省域纷纷意识到了产业结构调整的紧迫性和必要性。它们开始积极寻求经济转型和产业升级的路径,大力发展高新技术产业、现代服务业等低消耗、高附加值的产业。例如,通过政策扶持和资金投入,鼓励企业加大研发投入,推动技术创新和产品创新;通过优化产业布局和产业链整合,提升产业的整体竞争力和附加值。这些举措的实施,不仅促进了新兴产业的快速发展,也带动了传统产业的转型升级,从而实现了产业结构的整体优化。这种产业结构的优化升级,对提升整体经济的要素效率产生了深远的影响。一方面,新兴产业的发展吸引了大量的高素质人才和资本投入,提高了生产要素的配置效率和使用效率。另一方面,随着产业结构的升级,生产方式和管理模式也发生了相应的变革,进一步提升了要素的生产效率和经济效益。

在泛珠三角区域的中期发展阶段,各省域普遍加大了科技创新的投入力度,推动技术进步和产业升级。通过引进国外先进技术、培育本土创新型人才、加强产学研合作等多种途径,各省域的技术水平得到了显著提升,为经济发展注入了新的活力。技术进步对于提升要素效率的作用主要体现在以下几个方面:一是提高了生产要素的边际产出率,即通过技术改进和创新,使同样的生产要素投入能够获得更多的产出;二是推动了产业结构的优化升级,技术进步为新兴产业的发展提供了技术支撑和动力源泉;三是促进了生产方式的转变,使生产过程更加智能化、绿色化、高效化,从而降低了生产成本、提高了生产效率。

产业结构优化和技术进步是提升泛珠三角区域要素效率的两大关键因素。在未来的发展中,泛珠三角区域应继续深化产业结构调整、加大科技创新力度,以实现经济的持续健康发展。

(三)高级发展阶段:创新驱动与制度环境

随着泛珠三角区域经济的进一步发展,该区域进入了高级发展阶段。在这一阶段,创新驱动和制度环境成为影响要素效率的核心因素。创新驱动是提高要素效率的根本动力。在高级发展阶段,泛珠三角区域各省域已经具备了较高的技术水平和产业基础,传统的要素投入方式已经难以满足经济增长的需求。因此,各省域纷纷实施创新驱动发展战略,通过加强科技创新、推动产业创新、培育创新型人才等措施,打造经济增长的新引擎。创新驱动发展战略的实施不仅提高了生产要素的利用效率,还推动了经济的持续健康发展。制度环境对于提升要素效率也起到了至关重要的作用。在高级发展阶段,泛珠三角区域各省域已经形成了较为完善的市场体系和法律体系,政府也逐渐向服务型转变。这些制度环境的变化为生产要素的自由流动和合理配置提供了有力保障。同时,良好的制度环境还能够吸引更多的资本和人才投入,促进技术创新和产业升级,从而提高整体经济的要素效率。

在制定经济政策时,应根据不同发展阶段的特点和需求进行有针对性的设计和调整,以更有效地提升泛珠三角区域省域经济增长的要素效率。

第二节 泛珠三角区域经济增长要素效率影响因素的实证分析

一、泛珠三角区域经济增长要素效率综合性影响因素的分析

(一)描述统计

表 8-2 泛珠三角区域层二变量的描述统计值

变量层次	变量名称	样本数	均值	标准差	最小值	最大值
层二	FS	19	0.800 0	0.600 0	0.210 0	2.300 0
	FI	19	1.860 0	0.790 0	1.080 0	4.220 0
	TS	19	1.030 0	0.090 0	0.920 0	1.210 0
	IE	19	0.290 0	0.040 0	0.220 0	0.350 0
	MAR	19	5.130 0	1.090 0	3.340 0	6.650 0

在深入分析泛珠三角区域经济增长的多层模型结果时,我们特别关注到表 8-2 所揭示的层二变量在不同年度之间的差异。这些层二变量,包括市场化进程、外商直接投资、贸易开放、产业结构合理化、产业结构高级化、城市化、金融结构以及金融规模,都是影响区域经济增长的重要因素。从表 8-2 的数据可以看出,这些层二变量在不同年度之间存在着较大的差异。这种差异反映了泛珠三角区域在经济发展过程中所面临的不断变化的外部环境和内部条件。例如,市场化进程的推进速度、外商直接投资的流入量、贸易开放的程度、产业结构的优化升级、城市化的发展水平、金融结构的健全度以及金融规模的扩张速度等,都在不同年份呈现出了不同的特点和趋势。这些差异对泛珠三角区域的经济增长产生了深远的影响。一方面,它们为区域经济发展提供了多样性和动态性,使不同年份的经济增长具有不同的动力和特点;另一方面,

它们也带来了一定的挑战和风险,要求政策制定者和经济管理者必须密切关注这些变量的变化,及时调整经济政策和发展战略,以适应不断变化的经济形势。因此,表8-2所揭示的层二变量在不同年度之间的差异,不仅是我们理解泛珠三角区域经济增长机制的重要线索,也是我们制定和调整经济政策的重要依据。在未来的研究中,我们应继续关注这些变量的动态变化,以期更深入地理解区域经济增长的动因和机制。

(二)泛珠三角区域经济增长不同年度之间的变异分解

在探讨其经济增长的过程中,我们不仅要了解整体的增长趋势,更要深入挖掘不同年度之间经济增长的均值是否存在显著性差异,以及这些差异背后各层次因素所产生的影响比例。其中,零模型分析作为一种有效的统计工具,为我们提供了深入研究的途径。

需要明确什么是零模型分析。零模型分析是多层线性模型中的一个基础模型,它主要用于分析数据在不同层次(如个体层、群体层)上的变异情况。在泛珠三角区域经济增长的研究中,我们可以将不同年度视为第一层(层一),而将各省域或更宏观的经济区域视为第二层(层二)。通过构建零模型,我们可以分别估计出层一和层二对经济增长均值差异的解释比例,从而揭示各层次因素对经济增长的影响程度。

在具体的零模型分析中,我们可以先构建一个不包含任何解释变量的零模型,然后根据数据的拟合情况逐步引入解释变量,从而得到最终的完整模型。在模型构建的过程中,我们需要特别注意选择合适的统计软件和合适的估计方法,以确保分析结果的准确性和可靠性。运用零模型分析来研究泛珠三角区域经济增长的均值差异及差异由层一和层二所产生的影响各占多大比例是非常必要的。这不仅可以帮助我们更加深入地理解经济增长的动力和机制,还可以为政策制定者提供有价值的参考信息,促进泛珠三角区域经济的持续健康发展。

(三)泛珠三角区域经济增长基本影响要素的作用分析

泛珠三角区域,作为我国重要的经济区域,其经济增长的动力与影响要素一直是经济学界和政策制定者关注的焦点。在全球化与区域经济一体化的背景下,泛珠三角区域的经济增长不仅受到国内政策、市场环境等因素的影响,还与国际经济形势、技术创新等外部因素紧密相关。

在泛珠三角区域,随着改革开放的深入推进,大量的国内外资本涌入,为区域经济的发展提供了强劲的动力。资本投入不仅直接促进了生产规模的扩大,还带动了相关产业的发展,形成了产业聚群效应。同时,资本投入还通过改善基础设施、提升劳动力素质等途径,间接促进了经济增长。

劳动力资源是经济增长的另一关键要素。泛珠三角区域拥有丰富的劳动力资源,这为其经济增长提供了有力支撑。劳动力资源的充足保证了生产的持续进行,而劳动力素质的提升则进一步提高了生产效率。特别是在高新技术产业和现代服务业等领域,高素质劳动力资源的供给对于推动产业升级和经济增长具有重要意义。

技术创新是泛珠三角区域经济增长的重要驱动力。随着科技的快速发展,技术创新在经济增长中的作用日益凸显。泛珠三角区域通过加大科技研发投入、建设创新平台、培育创新型人才等措施,不断提升区域创新能力。技术创新不仅催生了新的产业和业态,还通过改造传统产业、提高生产效率等方式,为经济增长注入了新的活力。

市场需求是经济增长的重要拉动力。泛珠三角区域地处我国南方沿海地带,拥有广阔的国内外市场。随着居民收入水平的提高和消费结构的升级,市场需求呈现出多元化、个性化的特点。这要求泛珠三角区域不断调整产业结构,优化产品供给,以满足市场的多样化需求。

同时,积极开拓国际市场,参与国际竞争,也是泛珠三角区域实现经济增长的重要途径。

政府政策在泛珠三角区域经济增长中发挥着重要的调控和引导作用。政府通过制定和实施产业政策、财政政策、货币政策等,为经济增长创造良好的宏观环境。此外,政府在基础设施建设、公共服务供给、环境保护等方面的投入和支持,也为泛珠三角区域的经济增长提供了有力保障。

泛珠三角区域经济增长的基本影响要素包括资本投入、劳动力资源、技术创新、市场需求和政府政策等。这些要素相互作用、共同影响,形成了泛珠三角区域经济增长的复杂机制。在未来的发展中,泛珠三角区域应继续优化要素配置,激发各要素的潜力,以实现经济的持续健康增长。

(四)泛珠三角区域经济增长要素效率异质性检验

1. 泛珠三角区域是我国经济发展的重要引擎之一

泛珠三角区域内部各省域的经济增长要素效率是否存在异质性,一直是经济学研究的重要问题。异质性,即不同个体或地区在同一要素投入下产生的经济增长效果存在差异,这种差异可能源于技术水平、产业结构、政策环境等多种因素。对于泛珠三角区域而言,检验经济增长要素效率的异质性,有助于深入理解区域经济发展的动力机制,为政策制定提供科学依据。

第八章 泛珠三角区域经济增长要素效率的影响因素研究

在进行异质性检验之前,首先需要明确经济增长要素效率的衡量标准。一般而言,经济增长要素效率可以通过全要素生产率(TFP)来衡量,它反映了在一定要素投入下,一个地区或行业的经济产出能力。在泛珠三角区域内部,由于各省域的经济基础、产业结构、技术水平等存在较大差异,其 TFP 水平也可能存在显著差异。

2. 检验泛珠三角区域经济增长要素效率的异质性

为了检验泛珠三角区域经济增长要素效率的异质性,我们可以采用多种统计方法。例如,可以利用面板数据模型,将各省域的经济增长数据和时间序列数据结合起来,通过固定效应或随机效应模型来分析各省域经济增长要素效率的差异。此外,还可以采用聚类分析、主成分分析等方法,对各省域的经济增长要素效率进行分类和降维处理,从而更加直观地展示其异质性。在实际检验过程中,我们需要收集泛珠三角区域各省域的经济增长数据、要素投入数据以及相关政策环境等数据。这些数据可以通过政府统计部门、行业协会、研究机构等渠道获取。在数据处理过程中,需要注意数据的可比性和一致性,以确保分析结果的准确性。

通过对泛珠三角区域经济增长要素效率的异质性检验,我们可以得到一系列有价值的研究发现。首先,各省域的经济增长要素效率确实存在显著差异。一些省域在技术创新、产业结构优化等方面表现突出,其 TFP 水平较高;而另一些省域则由于技术水平落后、产业结构不合理等原因,其 TFP 水平较低。这种差异在一定程度上反映了泛珠三角区域内部经济发展的不平衡性。

3. 经济增长要素效率的异质性受到多种因素的影响

除了技术水平、产业结构等直接因素外,政策环境、市场化程度等间接因素也对经济增长要素效率产生重要影响。例如,一些省域通过实施创新驱动发展战略、优化营商环境等措施,有效提升了其经济增长要素效率;而另一些省域则由于政策落实不到位、市场机制不完善等原因,其经济增长要素效率提升缓慢。对于检验结果的应用和启示,我们需要根据泛珠三角区域的实际情况进行深入分析。一方面,可以通过加强区域合作、推动技术创新和产业升级等措施,提升整个区域的经济增长要素效率;另一方面,也需要针对各省域的具体情况,制定差异化的经济政策和发展战略,以更好地促进区域经济的协调发展。

(五)泛珠三角区域综合性因素对要素效率的影响分析

这些综合性因素包括经济结构、政策环境、基础设施建设、人力资源等多个方面,它们相互作用、相互影响,共同作用于泛珠三角区域的要素效率。

1. 经济结构

泛珠三角区域内部各省域的经济结构存在较大差异,一些省域以传统产业为主,而另一些省域则更加注重高新技术产业的发展。这种经济结构的差异直接导致了要素配置和要素使用效率的不同。以高新技术产业为主的省域,其要素配置更加偏向于技术创新和人力资本投入,从而提高了全要素生产率(TFP)。而以传统产业为主的省域,则可能面临技术更新缓慢、产能过剩等问题,导致要素效率低下。

2. 政策环境

政策环境也是影响要素效率的关键因素。泛珠三角区域内部各省域的政策环境不尽相同,一些省域通过优化政策环境、简化审批流程、降低企业成本等措施,为企业创造了良好的发展环境,从而提高了要素效率。相反,政策环境不佳的省域,可能存在政策落实不到位、行政干预过多等问题,导致企业运营效率低下,要素效率难以提升。

3. 基础设施建设

良好的基础设施可以降低物流成本、提高信息传播速度,为企业提供更加便捷的生产经营环境。在泛珠三角区域内部,一些省域通过加大基础设施建设投入,构建了完善的交通网络、信息通信体系等,有效提升了要素效率。而基础设施建设滞后的省域,则可能面临交通拥堵、信息不畅等问题,制约要素效率的提升。

4. 人力资源

人力资源对要素效率的影响同样重要。人力资源是经济增长的核心要素之一,其数量和质量直接决定了要素效率的高低。在泛珠三角区域内部,一些省域通过加大教育投入、培养高素质人才等措施,提高了人力资源质量,为经济增长提供了有力支撑。而人力资源匮乏的省域,则可能面临人才短缺、创新能力不足等问题,导致要素效率低下。

泛珠三角区域综合性因素对要素效率的影响是多方面的。为了提高要素效率,促进经济增长,泛珠三角区域内部各省域应注重优化经济结构、改善政策环境、加强基础设施建设、提升人力资源质量等方面的工作。在未来的发展中,泛珠三角区域应继续深化对综合性因素的研究和分析,以更加精准地制定和实施相关政策措施,进一步提升要素效率和经济增长质量。

第八章 泛珠三角区域经济增长要素效率的影响因素研究

二、稳健性检验

(一) 基本影响要素作用

在经济增长的研究中,对于影响经济增长的基本要素的稳健性检验是至关重要的。泛珠三角区域作为我国南方重要的经济区域,其经济增长受到多种基本要素的影响,这些要素包括资本、劳动力、技术、市场等。为了深入探究这些基本要素对泛珠三角区域经济增长的作用是否稳健,我们采用了固定效应模型进行分析。

固定效应模型是一种常用的面板数据分析方法,它能够有效地控制不可观测的个体异质性,从而更准确地估计各基本要素对经济增长的影响。同时,我们还收集了各省域在资本投入、劳动力供给、技术创新、市场需求等方面的数据,作为解释变量引入模型中。此外,为了控制其他潜在的影响因素,我们还加入了一系列控制变量,如政策环境、基础设施等。

通过构建固定效应模型并进行估计,我们得到了各基本要素影响泛珠三角区域经济增长的系数。这些系数反映了在控制其他因素不变的情况下,各基本要素对经济增长的贡献程度,表明这些基本要素是推动泛珠三角区域经济增长的重要动力。

结果表明,无论样本范围如何变化,各基本要素对经济增长的影响方向和显著性均保持一致。这一研究结论为政策制定者提供了有益的启示,即通过优化资本配置、提高劳动力素质、加强技术创新和拓展市场需求等措施,可以进一步推动泛珠三角区域的经济增长。在未来的研究中,我们还可以进一步探讨各基本要素之间的相互作用机制以及它们在不同经济发展阶段的作用差异,为泛珠三角区域的经济发展提供更加全面和深入的理论支持。

(二) 要素效率异质性效应

在经济增长的研究中,要素效率及其异质性效应一直是经济学家关注的焦点。泛珠三角区域作为我国重要的经济区域,其内部各省域在经济发展过程中呈现出显著的差异性。这种差异性在很大程度上源于基本要素效率的异质性,即不同省域在相同要素投入下产生的经济增长效果不同。

随机效应模型是一种广泛应用于面板数据分析的统计方法,它允许个体效应与解释变量之间存在相关性,从而更准确地捕捉个体间的异质性。在泛珠三角区域基本要素效率异质性效应的稳健性检验中,我们将各省域作为不同的个体,利用随机效应模型来估计各省域基本要素对经济增长的影响。同时,我们还收集了各省域的资本、劳动力、技术、市场等基本要素数据。这些数据为我们提供了丰富的信息,有助于揭示基本要素效率异质性效应的稳健性。通过构建随机效应模型并进行估计,我们发现泛珠三角区域各省域在基本要素效率方面确实存在显著的异质性。一些省域在资本、劳动力等要素投入相对较少的情况下,仍然能够实现较高的经济增长率;而另一些省域则可能需要更多的要素投入才能达到相同的经济增长效果。这种异质性效应表明,泛珠三角区域内部各省域在经济发展过程中具有不同的增长路径和增长模式。

结果表明,无论样本范围如何变化,各省域基本要素效率异质性效应的结论均保持一致。此外,还进一步探讨了基本要素效率异质性效应的影响因素。通过引入控制变量,我们发现政策环境、基础设施、产业结构等因素对基本要素效率异质性效应具有显著影响。这一研究结论为我们提供了有益的启示:在推动泛珠三角区域经济增长的过程中,应充分重视各省域在基本要素效率方面的差异性,并根据实际情况制定差异化的经济政策和发展战略。

第九章 长江经济带经济增长要素效率的影响因素研究

第一节 长江经济带省域经济增长要素效率影响因素的实证分析

一、长江经济带省域经济增长要素效率综合性影响因素的分析

(一) 变量的选择与数据来源

选择长江经济带四川、云南、贵州、重庆、湖南、湖北、安徽、江西、江苏、浙江、上海11个省(市)为评价单元,样本区间为1998—2016年。层一变量、层二变量的选择和数据来源见表9-1。在深入剖析长江经济带各省市的经济发展状况时,我们发现,经过不变价处理并取对数后的数据,尽管在一定程度上平滑了省(市)内各年度间的变量值波动,但不同省(市)之间依然存在着显著的差异。这种差异在多个经济指标上均有所体现,为我们揭示了长江经济带内部各省(市)在经济发展路径和水平上的不均衡性。这表明,在这一时期,长江经济带内部各省(市)在经济增长速度、资本积累、劳动力投入、人力资本积累以及技术创新等方面,均有着各自独特的发展轨迹和成果。这些层层变量是影响经济发展的重要因素,它们在省(市)际的不同表现,进一步说明了长江经济带各省(市)在经济发展环境、政策导向以及资源配置等方面的异质性。长江经济带各省(市)在经济发展上存在着显著的差异,这种差异既体现在一层变量上,也体现在层层变量上。在未来的发展中,如何缩小这些差异,促进长江经济带内部的协调发展,将是一个值得深入研究和探讨的问题。

表 9-1　层一变量、层二变量的选择和数据来源

变量层次	变量名称	样本数	均值	标准差	最小值	最大值
层一	lnEL	209	7.8800	0.4800	6.5100	8.4900
	lnEH	209	2.1400	0.1500	1.7600	2.5100
	lnERDKV	209	5.2400	1.3500	2.1800	8.2700
层二	MAR	11	5.4700	1.2900	3.6300	7.4200
	TL	11	0.2400	0.1500	0.0400	0.5400
	URB	11	0.4500	0.1500	0.3000	0.8400

(二) 长江经济带省(市)域经济增长的变异分解

由于每层变量的每个随机系数都需要引入 5 个方面 7 个变量探讨其影响程度，将所有变量都列出来将导致表过于庞大，同时，为了便于从整体性、不同时段、不同区域进行比较，在整体性、不同时段、不同区域中只要有一处 T 值大于 1 的变量，就在各个表中将其列出。

表 9-2　长江经济带省(市)域经济增长均值与变异的分解结果

固定效应	系数	标准误差	T 值	自由度	P 值
截距 1, β 截距 2, γ_∞	8.8191	0.1776	49.6530	10	0.0000
随机效应	标准误差	方差成分	自由度	卡方值	P 值
截距, u_0 层一, r	0.6010 0.6254	0.3611 0.3912	10	185.4129	0.0000

在详细分析长江经济带 11 个省(市)的经济发展数据时，关注到各省(市)GDP 对数平均值的显著差异。根据表 9-2 所展示的固定效应部分，我们可以看到长江经济带各省(市)的 GDP 对数平均值达到了 8.8191，这一数字反映了该区域整体的经济增长水平。然而，更为引人注目的是各省(市)之间 GDP 对数平均值的显著性差异。通过对零模型的随机效应部分进行卡方检验，我们发现这种差异的存在不容忽视。进一步地，组内相关系数 ρ 的计算揭示了这种差异的来源和度量。具体而言，$\rho = 0.3611/(0.3611 + 0.3912) = 48.00\%$，这意味着各省(市)GDP 对数平均值的差异有 48.00% 可以由二层变

量来解释。这一发现凸显了二层变量在解释长江经济带各省(市)经济增长差异中的关键作用。换句话说,仅有52.00%的差异可以通过一层变量来解释,而剩余的48.00%则需要引入二层变量才能得到有效的解释。二层变量,如经济环境中的市场化进程、对外开放程度、金融发展水平、城市化进程以及产业结构变迁等,都是影响各省(市)经济增长的重要因素。因此,在研究长江经济带省(市)域经济增长时,必须充分考虑二层变量的作用。只有这样,我们才能更全面地理解各省(市)域经济增长的动力和差异,进而为制定更有效的区域发展政策提供有力的数据支持和分析依据。

(三)长江经济带省(市)域经济增长基本影响要素的作用分析

1. 探讨长江经济带省域经济增长的影响因素

随着资本投入和技术创新的增加,长江经济带的经济增长将得到显著的促进。这一发现不仅证实了资本和技术在经济增长中的关键作用,也揭示了长江经济带在这两个方面的巨大潜力。然而,与此同时,劳动力投入和人力资本在模型中的影响并不显著。这可能暗示,在长江经济带的经济增长过程中,单纯依靠劳动力数量的增加或人力资本的积累可能不足以推动经济的快速增长。相反,更高效的资本利用和持续的技术创新才是关键所在,进一步揭示了这些因素的年度变化解释力度。将资本投入、劳动力投入、人力资本、技术创新引入层一模型后,层一方差得到了较好的解释。固定效应模型结果显示,这些因素能够很好地解释长江经济带各省(市)GDP不同年度间的变化。这表明,在理解长江经济带经济增长的动态变化时,这些因素是不可或缺的考虑因素。

2. 源于变截距模型与变系数模型的不同应用

这种差异主要源于变截距模型与变系数模型的不同应用。多层统计分析更侧重于随机系数模型的结果,因为它能更准确地捕捉各省之间的异质性。在长江经济带省(市)域经济增长的过程中,资本和技术创新的影响尤为显著。技术创新每增加1%,经济增长则会增加0.406 3%。这一发现再次强调了资本积累和技术进步在推动经济增长中的关键作用。相比之下,劳动力和人力资本的影响在模型中并不显著,这可能意味着在当前的经济环境下,单纯依靠劳动力数量或教育水平的提高可能不足以支撑长江经济带的快速增长。这表明,不同省(市)在资源利用、创新能力和经济结构等方面存在明显的差异,这些差异进而影响了经济增长的速度和质量。同时,资本投入、劳动力投入、技术创新与国内生产总值之间的关系也随着省(市)的不同而显著不同,这再次强调了在研究长江经济带经济增长时考虑省(市)异质性的重要性。

3. 综合性因素对全要素生产率的影响分析

市场化进程、产业结构合理化和金融结构在推动长江经济带各省(市)的全要素生产率方面起到了至关重要的作用。数据显示,这些因素的回归系数显著为正,意味着那些市场化程度高、产业结构合理、金融结构优化的省(市),其全要素生产率的均值也相应较高。这主要得益于市场化改革带来的资源配置效率提升。市场化进程不仅促进了资源的自由流动,还降低了交易成本,使各种生产要素能够更高效地结合,从而提高了全要素生产率。产业结构的合理化有助于优化要素资源配置,使各类生产要素能够按照市场需求和经济效益的原则进行配置,进而提高生产效率。

金融结构水平的提升也对全要素生产率产生了积极影响。当金融结构水平提高 0.1 个单位时,全要素生产率将增加 0.164 02。这主要归功于金融结构改善带来的资本配置效率提升。一个良好的金融结构能够有效地将储蓄转化为投资,引导资金流向高效率、高收益的领域,从而推动全要素生产率的提升。金融规模对全要素生产率产生了负向显著影响,主要是由于我国当前以国有银行为主导的金融体系发展模式在一定程度上挤出了民营经济的发展。在这种模式下,国有银行更倾向于向国有企业提供贷款,而民营企业往往面临融资难、融资贵的问题。这不仅限制了民营经济的发展,也阻碍了全要素生产率的提升。

4. 综合性因素对资本产出效率的影响分析

金融规模是正向显著影响因素,表明金融规模大的省(市)资本产出效率高。同时,由于资本系数与金融规模的系数符号相同,因而金融规模加大将加强资本与 GDP 之间的正向关系。城市化为负向显著影响因素,表明城市化水平高的省(市)资本产出效率低。产业结构的高级化被数据显著地证实为影响劳动力产出效率的重要因素。那些产业结构高级化均值较高的省(市),其劳动力产出效率的均值也相对较大。这一发现凸显了产业结构优化在提升劳动力生产效率中的关键作用。

5. 直接促进劳动力产出效率的提升

由于劳动力系数与产业结构高级化的系数符号相同,这意味着产业结构的高级化不仅直接促进了劳动力产出效率的提升,而且强化了劳动力与 GDP 之间的正向关系。这背后的逻辑在于,产业结构的高级化推动要素资源更为合理地流动和配置,使劳动力能够更高效地参与到经济活动中,从而提高了整体的劳动力产出效率。然而,与产业结构高级化的积极作用形成鲜明对比的是,金融规模对劳动力产出效率的影响却呈现出显著的负向关系。数据显示,金融规模较大的省(市),其劳动力产出效率相对较低。这一发现揭示了金融规模过度扩张可能带来的资源错配和效率损失问题。同时,由于劳动力系数与金融规模的系数符号相反,这表明金融规模的扩大实际上削弱了劳动力与GDP之间的正向关系。这可能是由于金融规模的过度发展导致了劳动资金比的进一步降低,从而限制了劳动力在生产过程中的有效投入和产出效率的提升。因此,在制定经济政策时,需要权衡金融规模扩张与劳动力产出效率之间的关系,以实现经济的可持续发展。

二、经济数据的处理和分析

为了确保数据的可比性和准确性,经常需要对数据进行不变价处理并取对数。这样的处理方法在长江经济带2008—2016年的经济数据中也得到了应用。经过这样的处理后,省(市)内各年度间的变量值差异得到了有效控制,使我们能够更加准确地捕捉到各省(市)之间的经济差异。这种差异反映了各省(市)在经济发展水平、资源配置效率、创新能力等方面的不同。例如,一些省(市)份由于历史原因或地理位置的优势,可能在资本投入和劳动力投入上具有较高的对数值,从而推动了其国内生产总值的快速增长。这些差异揭示了各省(市)在经济结构、政策环境、金融发展等方面的异质性。例如,一些省(市)份可能更加注重市场化改革和对外开放,从而吸引了大量的外商直接投资,推动了其产业结构的优化和升级。这为我们制定更加精准的区域经济政策提供了重要的依据。

长江经济带,作为我国经济发展的重要区域,其内部各省(市)的经济增长均值是否存在显著性差异,以及这些差异是如何由不同的层级因素所产生的,一直是经济研究关注的焦点。从表9-3长江经济带各省(市)经济增长均值与变异的分解结果中,可以看到各省(市)的经济增长均值确实存在显著性差异。这种差异不仅体现在经济增长的绝对数值上,更体现在经济增长的速度和趋势上。一些省(市)份由于地理位置、资源优势、政策支持等因素,其经济增长均值明显高于其他省(市)份,形成了明显的经济增长。长江经济带各省(市)经济增长均值存在显著性差异,这些差异是由层一和层二因素共同作用所产生的。在未来的经济发展中,要缩小长江经济带各省(市)之间的经济增长差异,不仅需要各省(市)在内部经济因素上加强创新和优化资源配置,更需要加强区域合作和政策协调,共同应对宏观经济环境的变化和挑战。

表 9-3 长江经济带各省（市）经济增长均值与变异的分解结果

固定效应	系数	标准误差	T值	自由度	P值
截距1，截距2	9.382 9	0.176 4	53.200 0	10	0.000 0
随机效应	标准误差	方差成分	自由度	卡方值	P值
截距，U	0.606 1	0.367 3	10	415.213 0	0.000 0
层一，R	0.285 6	0.081 6			

在长江经济带省域的经济增长中，资本投入、劳动力投入和技术创新均呈现正向显著影响。劳动力投入增加1%，经济增长将增加0.310 5%；技术创新增加1%，经济增长将增加0.467 1%。这些数据清晰表明，资本、劳动力以及技术创新是推动长江经济带各省（市）经济增长的重要动力。然而，与此同时，人力资本对经济增长的影响却并不显著。这进一步说明了各省（市）在经济增长过程中的异质性。

第二节 长江经济带经济增长要素效率影响因素的实证分析

一、长江经济带经济增长要素效率综合性影响因素的分析

长江经济带作为我国重要的经济走廊之一，其经济增长及要素效率问题一直备受关注。本节将围绕长江经济带经济增长要素效率的影响因素进行实证分析，通过数据模型来深入探讨这一问题。长江经济带涵盖了我国东部、中部和西部的多个省（市），是我国经济发展的重要引擎。近年来，随着全球经济的不断变化和国内经济结构的调整，长江经济带的经济增长也面临着新的挑战和机遇。要素效率作为经济增长的核心问题之一，其影响因素复杂多样，既有内部的资源配置、技术创新等因素，也有外部的政策环境、市场需求等因素。通过收集长江经济带各省（市）的经济增长数据、要素投入数据以及相关政策文件等，构建了一个包含多个影响因素的指标体系。利用统计分析软件对数据进行处理和分析，建立回归模型来探讨各因素对经济增长要素效率的影响程度。长江经济带经济增长的均值在不同年度之间是否有显著性差异及差异。

表9-4 长江经济带经济增长均值与变异的分解结果

固定效应	系数	标准误差	T值	自由度	P值
截距1,截距2	8.819 1	0.139 3	63.326 0	18	0.000 0
随机效应	标准误差	方差成分	自由度	卡方值	P值
截距,U层一,R	0.595 0 0.619 7	0.354 1 0.384 0	18	200.561 1	0.000 0

二、对长江经济带经济增长的影响因素分析

（一）资源配置效率

资源配置作为经济增长的基石，对于任何地区的经济发展都起着举足轻重的作用。在长江经济带这一我国经济的重要增长极中，资源配置的效率更是直接关系到整个区域的经济增长速度和质量。长江经济带横跨我国东中西部，涵盖了多个重要城市和产业集群。在这样的广阔地域内，不同省（市）之间的资源禀赋、经济基础、产业结构等都存在显著的差异。这些差异导致了资源配置效率的不均衡，进而影响到各地区的经济增长速度。

一些位于长江经济带的地区，由于历史原因或地理位置的限制，资源配置效率相对较低。这些地区可能面临着基础设施落后、人才流失、资金不足等问题，导致经济增长乏力。例如，一些内陆地区由于交通不便，难以有效吸引外部投资，限制了当地经济的发展。然而，长江经济带中也有一些地区通过优化资源配置，实现了经济的快速发展。这些地区往往具备良好的基础设施、丰富的人才储备和充足的资金支持。它们通过政策引导和市场机制相结合，有效地吸引了国内外的投资和资源，形成了产业集聚效应，推动了经济的快速增长。在优化资源配置的过程中，政府的作用不可忽视。长江经济带沿线的一些地区政府通过制定优惠政策、加大基础设施建设投入、推动产学研合作等措施，为资源配置提供了有力的政策支持。同时，这些地区还注重发挥市场机制的作用，通过市场竞争来优化资源配置，提高了资源的使用效率。此外，长江经济带内部的区域合作也为优化资源配置提供了广阔的空间。各地区通过加强产业协作、共享资源信息、推动交通互联互通等方式，实现了资源的跨区域流动和优化配置，提高了整个长江经济带的经济增长效率。资源配置效率是影响长江经济带经济增长的关键因素之一。未来，长江经济带沿线地区应继

续深化资源配置改革,加强区域合作,推动经济的高质量发展。同时,政府和企业也应积极探索新的资源配置模式,以适应新时代经济发展的需求。

(二)技术创新

技术创新作为现代经济增长的核心驱动力,对于任何区域的发展都显得至关重要。在长江经济带这一重要经济引擎中,技术创新的作用尤为突出,它直接关系到经济增长的要素效率和持久动力。长江经济带内的一些省(市)深知技术创新的重要性,它们通过一系列有力的措施,积极推动技术创新的发展。这些地区加大了科技投入,不仅增加了科研经费,还建立了众多的科研机构和创新平台,为科技创新提供了坚实的物质基础。同时,它们还大力引进高素质人才,通过提供优厚的待遇和良好的工作环境,吸引了一大批国内外优秀的科研人员和技术专家。这些人才的加入,极大地提升了当地的科技创新能力,推动了新技术、新产品的不断涌现。随着技术创新的深入推进,这些地区的经济增长要素效率得到了显著提升。新技术的应用,不仅提高了传统产业的生产效率,还催生了一大批新兴产业,为经济增长注入了新的活力。此外,技术创新还带动了就业、税收等多方面的增长,进一步拉动了地区经济的全面发展。

然而,长江经济带内也有一些地区在技术创新方面表现不佳。这些地区或因历史原因或因经济基础薄弱,导致科技创新能力不足。它们缺乏足够的科研投入和人才支撑,难以在科技创新上取得突破。这种局面的出现,使这些地区的经济增长缺乏动力,难以适应新时代经济发展的要求。对于这些地区来说,要想改变经济增长乏力的现状,就必须加大技术创新的力度。首先,要增加科研投入,提升科研机构的研发能力。其次,要大力引进和培养高素质人才,为科技创新提供强有力的人才保障。最后,要加强与发达地区和国际社会的科技合作与交流,引进先进技术和管理经验,提升自身的科技创新能力。在长江经济带的发展过程中,技术创新是推动经济增长的重要因素。只有不断提升科技创新能力,才能提高经济增长的要素效率,实现经济的持续健康发展。因此,长江经济带内的各地区都应高度重视技术创新工作,将其作为推动经济增长的重要抓手,努力打造创新驱动型经济的新格局。

(三)对全要素生产率的影响分析

在深入探讨影响全要素生产率的因素时,我们发现金融结构、对外贸易,以及外商直接投资对其产生的负面效应尤为显著。这意味着,在一个年度内,随着金融结构、对外贸易和外商直接投资的增加,全要素生产率反而呈现出下降的趋势。当金融结构提升0.1%时,全要素生产率将下降0.014 49%。这可能是因为金融结构的复杂化增加了市场的摩擦成本,降低了资源配置的效率。复杂的金融产品和创新服务虽然为市场提供了更多的选择,但同时也带来了信息不对称和监管难度,从而在一定程度上阻碍了生产率的提升。对外贸易的增加同样对全要素生产率产生了负面影响。这可能是由于对外贸易的增加导致国内市场面临更激烈的国际竞争,一些低效率的国内企业可能难以适应这种竞争环境,从而导致整体生产率的下降。此外,对外贸易的增加也可能导致资源更多地流向出口部门,而忽视了国内其他部门的发展,从而造成资源配置的不均衡。

外商直接投资对全要素生产率的负面影响最为显著。每当外商直接投资增加0.1%,全要素生产率将降低0.142 26%。这主要是由于外商直接投资对国内投资具有一定的挤出效应。这种情况下,国内企业可能不得不减少投资,甚至退出市场,从而导致整体生产率的下降。然而,与上述负面因素形成鲜明对比的是,城市化、产业结构高级化以及市场化进程对全要素生产率产生了积极的推动作用。在这些因素的共同作用下,经济规模的效率提高了,从而推动了全要素生产率的提升。每当城市化水平提高0.1%,全要素生产率将增加0.174 6%,这充分说明了城市化在促进经济增长中的重要性。

产业结构的高级化同样对全要素生产率产生了积极影响。随着经济的发展,产业结构逐渐从低附加值向高附加值转变,这种转变不仅提高了产品的质量和竞争力,还有利于要素资源在效率差异部门之间的流动。具体而言,当产业结构高级化提高0.1%,全要素生产率将提升0.012 53%。这表明,优化产业结构可以有效提高资源的配置效率,进而提升整体生产率。市场化进程的加快也对全要素生产率形成了显著的正面影响。市场化改革不仅减少了政府对经济的干预,还增强了市场在资源配置中的决定性作用。这种改革促进了经济结构的调整和优化,提高了企业的竞争力和创新能力。每当市场化进程加快1%,全要素生产率将提高0.286 3%,这充分证明了市场化改革在推动经济增长和提高全要素生产率方面的重要作用。

(四)对资本产出效率的影响分析

在深入探讨影响资本产出效率的因素时,我们发现城市化和外商直接投资对其产生的负面效应尤为显著,这表明在城市化进程加快和外商直接投资增加的情况下,资本产出效率反而呈现下降的趋势。首先,关注到城市化对资本产出效率的负面影响。城市化进程的推进虽然带来了人口集聚、基础设施完善等诸多优势,但同时也伴随着资源消耗加剧、环境压力增大等问题。这些因素共同作用,导致资本投入与产出的比例失衡,资本产出效率下降。具体而言,当城市化水平提高 0.1% 时,资本产出效率将降低 0.290 29%。这可能是因为城市化进程中,大量资本被投入到城市基础设施建设、房地产投资等领域,而这些领域的投资回报周期长、风险高,短期内难以显著提升资本产出效率。外商直接投资也对资本产出效率产生了显著的负面影响。这主要是由于外商直接投资对国内投资具有一定的挤出效应。国内企业在面临外资竞争时,可能不得不减少投资、降低生产规模,甚至退出市场,从而导致整体资本产出效率的下降。

随着城市化和外商直接投资的增加,资本对经济增长的贡献程度将逐渐减弱。然而,在负面因素之外,我们也发现了对外贸易和产业结构高级化对资本产出效率的积极推动作用。对外贸易的扩大能够带来市场规模的扩张和需求的增加,从而刺激企业增加投资、扩大生产规模,提高资本产出效率。具体而言,当对外贸易水平提高 0.1% 时,资本产出效率将提升 0.072 18%。这表明对外贸易在促进经济增长、提升资本产出效率方面具有重要作用。同时,产业结构的高级化也有利于资本产出效率的提升。随着产业结构的升级和优化,要素资源将更加合理地流动和配置到高效率的部门中去,从而提高整体经济的运行效率。这表明推动产业结构升级和优化布局可以有效提升资本产出效率和经济运行质量。资本系数与对外贸易、产业结构高级化的系数符号相同,意味着对外贸易、产业结构高级化水平的提高将加强资本与 GDP 之间的正向关系。换言之,随着对外贸易和产业结构高级化的推进,资本对经济增长的贡献程度将逐渐增强。

(五) 对技术创新产出效率的影响分析

首先,城市化和外商直接投资作为正向显著影响因素,对技术创新产出效率的提升起到了积极的推动作用。这些因素为技术创新提供了良好的环境和条件,推动了技术创新的产出效率。这表明城市化进程在促进技术创新方面发挥着重要作用。外商直接投资也对技术创新产出效率产生了正向影响。外资的引入不仅带来了资金的支持,还带来了先进的技术和管理经验。这些要素的引入为本土企业提供了学习和借鉴的机会,促进了技术创新能力的提升。这表明外商直接投资在推动技术创新方面发挥了积极的作用。

技术创新系数与城市化、外商直接投资的系数符号相同,意味着城市化、外商直接投资水平的提高将加强技术创新与 GDP 之间的正向关系。换言之,随着城市化和外商直接投资的增加,技术创新对经济增长的贡献程度将逐渐增强。然而,与上述正向因素形成鲜明对比的是,产业结构高级化对技术创新产出效率产生了显著的负向影响。产业结构的高级化虽然代表了产业结构的升级和优化,但在一定程度上也可能导致资源配置的失衡和产业结构的僵化。这种情况下,一些高效率的部门可能难以获得足够的资源支持,从而限制了技术创新的发展。这表明产业结构高级化在阻碍技术创新方面发挥了一定的作用。换言之,随着产业结构高级化的推进,技术创新对经济增长的贡献程度将逐渐减弱。

对于长江经济带而言,在1998—2016年间,生产服务业的发展还不完善,这可能是阻碍技术创新产出效率提高的重要原因之一。生产服务业作为连接制造业和服务业的重要桥梁,对于促进技术创新和推动产业升级具有重要作用。然而,在长江经济带的发展过程中,生产服务业的发展相对滞后,难以满足制造业和服务业的需求,从而限制了技术创新的发展。同时,还应加强生产服务业的发展,为技术创新提供更好的支持和保障。

三、基本影响要素作用的稳健性检验

在经济学、金融学以及其他社会科学领域的研究中,当我们探讨某一经济现象时,不可避免地会涉及多个可能影响该现象的基本要素,为了确保研究结论的准确性和可靠性,对这些基本影响要素的作用进行稳健性检验是至关重要的。稳健性检验的核心目的是验证研究结果的稳定性和一致性。当我们在不同的条件下、使用不同的方法或调整某些参数时,如果研究结果仍然保持一致,那么我们可以说该结果是稳健的。这种稳健性为我们提供了更大的信心,相信所观察到的现象或得出的结论不是偶然的,而是由某些稳定的、根本性的因素所驱动的。

(一)要素效率异质性检验

长江经济带作为我国重要的经济发展区域,涵盖了多个省(市),拥有丰富的资源和巨大的市场潜力。然而,由于地区间的发展不平衡,长江经济带内各地区的要素效率存在明显的异质性。随机效应模型是一种在面板数据分析中广泛使用的统计方法。它能够有效地处理不同个体(地区)之间的差异,并通过随机扰动项来捕捉这种异质性。在长江经济带要素效率的研究中,我们可以将各个地区作为不同的个体,利用随机效应模型来估计要素效率对经济增长的影响,并检验其稳健性。需要构建包含长江经济带各地区要素效率和其他控制变量的面板数据模型。在设定模型时,应考虑到要素效率可能受到多种因素的影响,如资本投入、劳动力质量、技术创新等。因此,我们需要将这些因素作为解释变量纳入模型中,以全面评估要素效率对经济增长的贡献。接

下来,我们可以利用随机效应模型对构建的面板数据模型进行估计。在估计过程中,模型会考虑个体之间的差异,并通过随机扰动项来反映这种异质性。通过比较不同模型的估计结果,我们可以判断要素效率异质性效应的存在性和显著性。

(二)调整模型的控制变量

为了检验估计结果的稳健性,我们可以采取多种方法进行验证。首先,可以通过调整模型中的控制变量来观察要素效率系数的变化。如果系数在不同模型中保持相对稳定,那么可以认为估计结果是稳健的。其次,我们可以使用不同的样本数据进行估计,比如使用不同时间段的数据或者剔除部分极端值。通过比较不同样本下的估计结果,我们可以评估要素效率异质性效应的一致性和稳定性。还可以利用随机效应模型进行其他相关的分析。比如,可以通过引入交叉项来探讨要素效率与其他因素之间的交互作用。这种交互作用可能进一步揭示要素效率异质性效应的来源和机制。另外,我们还可以利用模型的预测功能来预测未来长江经济带各地区的经济增长趋势,从而为政策制定提供科学依据。通过构建包含多个控制变量的面板数据模型,并利用随机扰动项来捕捉个体之间的差异,我们可以全面评估要素效率对经济增长的贡献,并深入了解其异质性效应的来源和机制。这对于促进长江经济带的协调发展、优化资源配置、提升要素效率具有重要意义。

参 考 文 献

[1] 包水梅,陈志华.我国研究生教育促进全要素生产率提升的效应评价[J/OL].西北工业大学学报(社会科学版),1-11[2024-01-20]

[2] 周滔,李敏.我国农村基础设施建设状态效率二维测度及时空演化路径研究[J].西南大学学报(自然科学版),2023,45(11):141-154.

[3] 林立.企业效率型与创新型商业模式适应性理论探索——评《中国转型经济背景下的商业模式适应性:权变路径与演进机理》[J].商业经济研究,2023,(19):193.

[4] 吴剑琳,陶妍妮,吕萍.社会企业家公共服务动机对社会企业绩效的影响:商业模式创新的中介作用[J].管理评论,2023,35(08):85-99.

[5] 张培,杨惠晓.数据驱动平台型创新企业商业模式创新路径演化——基于必要商城的纵向案例研究[J].中国科技论坛,2023,(06):118-129.

[6] 张尚民.创业自我效能感、商业模式创新与初创科技型企业绩效[J].时代经贸,2023,20(03):102-106.

[7] 王纯旭,徐建中.商业模式创新、产业环境波动性与零售企业战略规划的关系[J].商业经济研究,2022,(01):8-11.

[8] 赵宏霞,李豪,杨皎平.创业期组织文化结构对创业团队结构的顺应与控制[J].管理工程学报,2022,36(05):86-98.

[9] 王娟,郭禾苗.数字技术应用、商业模式创新与创新能力的关系研究——以制造企业为例[J].物流科技,2022,45(13):4-9.

[10] 薛宪方,吕晓颖,郭晗.战略导向、商业模式创新与科技型创新企业绩效的关系[J].浙江理工大学学报(社会科学版),2022,48(03):277-286.

[11] 何永清,邹波,潘杰义,等.传统服务业企业如何实现平台创新——一个探索性纵向案例研究[J].南开管理评论,2021,24(06):203-214.

[12] 白雪洁,宋培,李琳,等.数字经济能否推动中国产业结构转型?——基于效率型技术进步视角[J].西安交通大学学报(社会科学版),2021,41(06):1-15.

[13] 姚嘉敏,黄俐纯,谢诗雅,等.基于效率型供应链模型的跨境供应链协同[J].成组技术与生产现代化,2021,38(02):42-46.

[14] 奉小斌,苏佳涵,马晓书.逆向国际化企业跨界搜索如何影响商业模式创新?——制度嵌入的非线性调节作用[J].研究与发展管理,2021,33(02):67-82.

[15] 李嘉怡,田洪红,欧瑞秋.广东省地级市科技创新能力的DEA分析[J].统计与管理,2020,35(12):37-44.

[16] 周琪,苏敬勤,长青,等.战略导向对企业绩效的作用机制研究:商业模式创新视角[J].科学学与科学技术管理,2020,41(10):74-92.

[17] 任之光,高鹏斌.双向开放式创新及其协同、商业模式和企业创新绩效的关系研究[J].管理评论,2020,32(08):116-130.

[18] 陈寒松,牟筱笛,贾竣云.创业企业何以提高创新绩效——基于创业学习与商业模式创新协同联动视角的QCA方法[J].科技进步与对策,2020,37(06):19-26.

[19] 张睿君,陈菊红,吴迪.制造企业服务化战略与运维商业模式创新的匹配——基于多案例的研究[J].管理评论,2020,32(02):308-326.

[20] 胡保亮,蔡妮娜,朱国平.中资跨国公司商业模式与国际化战略匹配关系研究[J].技术与创新管理,2019,40(01):53-58+96.

[21] 王建新,丁亚楠.经济政策不确定性对市场定价效率影响研究——股票论坛应用下的互联网社交媒体调节作用[J].经济管理,2022,44(04):153-174.

[22] 吴翌琳,王天琪.数字经济的统计界定和产业分类研究[J].统计研究,2021,38(06):18-29.

[23] 姚宇,岳每玉.公平效率经济理论的演化发展与马克思主义革命[J].渭南师范学院学报,2022,37(10):86-93.

[24] 陈兆年,李静.经济高质量发展视角下的我国金融体系配置效率研究[J].广东社会科学,2020,(01):30-39.

[25] 于佳程,何刚.安徽省工业水资源效率与经济发展水平耦合协调性分析[J/OL].河北环境工程学院学报,1-8[2024-01-20]

[26] 郑安邦,冯华.数字经济缓解了中国经济增长的"结构性减速"吗——效率效应与结构效应[J].山西财经大学学报,2024,46(01):84-99.

[27] 周彩云,刘丁荣.数字经济、绿色技术创新与能源效率提升——基于城市面板数据的实证分析[J].工业技术经济,2024,43(01):41-52.

[28] 刘照德,聂普焱.经济集聚、产业结构升级与绿色经济效率协调发展——基于京津冀与粤港澳大湾区的比较分析[J].北京社会科学,2023,(12):29-43.

[29]陈小兰,赵晓雯.浙江省山区26县经济增长兼顾了效率和公平吗?——基于城乡居民收入差距视角的分析[J].江西开放大学学报,2023,25(04):74-82.